2023 年度宁波市软科学研究计划重点项目,"宁波促进科技成果转移转化对策研究——基于创新链和产业链融合视角"项目编码:2023R012

主持人:胡蕙芳

科技创新与科技成果转化策略与实施

胡蕙芳◎著

中国原子能出版社

图书在版编目（CIP）数据

科技创新与科技成果转化策略与实施 / 胡蕙芳著.
--北京：中国原子能出版社，2024.3

ISBN 978-7-5221-3301-0

Ⅰ. ①科⋯ Ⅱ. ①胡⋯ Ⅲ. ①科技成果–成果转化–研究–中国 Ⅳ. ①F124.3

中国国家版本馆 CIP 数据核字（2024）第 063251 号

内 容 简 介

本书是一部系统阐述科技创新与成果转化理论、实践策略和案例分析的专著。由科技创新的基础与动力、科技成果转化的策略与实践、科技创新与成果转化的案例与经验、技术创新与成果转化的未来展望等部分构成。

本书主要研究科技创新与科技成果转化，提供全面、系统的科技创新与成果转化知识体系，助力推动国家经济社会发展和科技事业的繁荣，对科研人员、创业者、企业管理者，以及对科技创新和成果转化感兴趣的读者有学习和参考的价值。

科技创新与科技成果转化策略与实施

出版发行　中国原子能出版社（北京市海淀区阜成路 43 号　　100048）
责任编辑　张　磊
责任印制　赵　明
印　　刷　河北宝昌佳彩印刷有限公司
经　　销　全国新华书店
开　　本　787 mm×1092 mm　1/16
印　　张　17
字　　数　272 千字
版　　次　2024 年 3 月第 1 版　2024 年 3 月第 1 次印刷
书　　号　ISBN 978-7-5221-3301-0　　　　定　价　98.00 元

发行电话：010-88821568　　　　　　版权所有　侵权必究

前　言

　　科技创新已然成为推动社会经济发展的重要力量，它在我们的生活、工作和思维方式中留下了深深的烙印。我希望通过这本书，为您展示科技创新的基础与动力，以及如何将科技成果成功地转化为可行的产品或服务，进一步推动社会的进步。

　　本书分为四部分。第一部分主要讨论了科技创新的基础与动力。我们将探讨科技创新的定义，它的各种形式以及驱动科技创新的关键因素，包括人力资源、政策环境、资金投入和企业文化等。同时，也会引入创新链和产业链的概念，它们是理解科技创新过程的重要框架。

　　第二部分则关注科技成果转化的策略与实施。将探讨如何制定科技成果转化的战略，选择转化模式，以及如何在实施过程中进行项目筛选、管理和风险防范。此外，还将深入探讨政策和法律对于科技成果转化的保障作用。

　　第三部分将通过具体的案例，详细介绍国内科技创新与成果转化的实践。这一部分将帮助读者更具体、更深入地理解科技创新与成果转化的全过程，同时从实际案例中总结出成功的经验和教训。

　　第四部分，将着眼于未来，探讨科技创新与成果转化的发展趋势与挑战，以及如何构建创新生态系统，培养人才，实现创新链与产业链的融合，以及利用金融支持策略等，以应对未来可能面临的挑战。

　　我希望这本书不仅可以帮助您理解科技创新的过程和科技成果转化的关键，也希望能够激发您对科技创新的热情，让您能够参与到这个过程中来，用科技创新推动社会的进步。无论您是政策制定者、企业家、研究人员，还是对科技充满热情的公众，我都相信这本书会提供给您有价值的见解和启示。

在这个瞬息万变的时代，科技创新已成为一种强大的变革力量，而将科技成果转化为实用产品和服务则是科技创新的重要组成部分。这需要具备前瞻的视野，勇于开拓进取，始终追求卓越。我相信，每一个参与到这个过程中的人，都将在科技创新与科技成果转化的旅程中，找到自己的价值和意义。

最后，我希望《科技创新与科技成果转化策略与实施》这本书能够成为您的参考与指南，启发您的思考，帮助您理解科技创新与科技成果转化的价值，并在此过程中找到属于自己的道路。

感谢您的阅读，愿我们一同开拓进取，追求卓越，让科技创新与成果转化成为推动社会进步的强大力量。

著　者

2023 年 12 月

目　录

/ 第三部分　科技创新与成果转化的经验 /

/ 第四部分　科技创新与成果转化的未来展望 /

第一部分
科技创新的基础与动力

　　科技创新作为推动社会经济发展和个体组织进步的重要力量，涉及多个方面的内容和影响因素。本部分将系统地探讨科技创新的基础与动力，以及相关的概念、内涵和类型。同时，将重点研究科技创新的核心要素，包括创新主体、创新资源、创新环境和创新过程的作用和相互关系。通过本部分的研究，将全面了解科技创新的基础与动力，深入探讨创新的概念、类型和影响因素。这将为我们深入理解科技创新的本质和推动创新实践提供重要的理论指导和实践参考。

第一章　科技创新的概念与内涵

第一节　科技创新的定义及重要性

一、科技创新的基本含义

科技创新是指通过多样化的创新主体，采用新的技术对生产要素和条件进行重新组合，并将其引入到生产过程中进行资源重新配置和优化的过程。它强调引入新的科技成果和知识，以创造新的产品、服务或生产方式，并提高生产效率和经济增长。

熊彼特创新理论[①]奠定了广义创新概念的基础，并将创新分为科技创新和制度创新两个方面。科技创新主要关注引入新技术和知识，通过创新活动来改变生产条件和要素的组合，从而提高生产效率和创造新的价值。制度创新则强调改变组织、管理和制度等方面的创新，以推动经济和社会的发展。

在科技创新的研究中，柯布道格拉斯生产函数[②]是一个重要的应用工具，用于衡量科技创新对经济增长的贡献。地区科技创新活动[③]的概念指出，在某个地区存在着支撑科技创新的研发组织系统。中国学者傅家骥提出科技创

[①] 约瑟夫·熊彼特. 经济发展理论［M］. 何畏，等译. 北京：北京商务印书馆，1990.

[②] Griliches Z. Issues in assessing the contribution of research and development to productivity growth ［J］. The bell journal of economics，1979：92-116.

[③] Cooke P. Regional innovation systems：Competitive regulation in the new Europe ［J］. Geoforum，1992，23（3）：365-382.

新应该结合企业在创新活动中的地位来理解，而不能单纯的限制为首创①。

科技创新的本质是在确定的时空范围内，通过社会、技术和自然资源的新一轮重组和配置，实现经济过程中资源的优化配置②。专利授权量被视为科技创新产出的重要测量指标，因为专利授权量③可以反映科技创新的质量和被广泛认可程度。

二、区域科技创新系统理论

区域科技创新系统理论是一种理论框架，专注于研究地理空间和区域内的创新网络系统。这一理论强调了地理位置对于科技创新的重要性，并强调了不同创新主体之间交流、分享和知识流动的作用。具体而言，区域科技创新系统理论认识到政府制定的政策体系与企业创新努力之间的相互作用，并将其作为形成创新网络系统的核心要素。

在区域科技创新系统中，各种创新主体如企业、大学、研究机构、创业者和政府等形成了相互依存的合作关系。这些创新主体共同构成了一个相互促进的创新生态系统，其中政府在制定创新政策和提供创新支持方面扮演着重要角色，而企业则需要积极参与创新活动。这种系统性的创新过程强调了整体的合作与共享，而不仅仅是单个企业或机构的行为。

在区域科技创新系统中，创新主体通过交流、合作和共享知识，共同创造和扩散新知识。这种知识的流动和传播促进了创新活动的持续发展和区域经济的增长。通过创新网络系统的交流和合作，创新主体能够共同解决问题、分享经验，并产生新的创新成果。这种知识的跨界融合和传播不仅促进了创新的产生，还对区域内的其他创新主体起到了启发和推动的作用。

区域科技创新系统理论的实施需要政府、企业和其他创新主体的共同努

---

① 傅家冀. 技术创新［M］. 北京：清华大学出版社，1998.

② 陈光，王永杰. 区域技术创新系统研究纲论——兼论中国西部地区的技术创新［J］. 中国软科学，1999（2）：56-59.

③ 张亚峰，刘海波，陈光华等. 专利是一个好的创新测量指标吗?［J］. 外国经济与管理，2018，40（6）：3-16.

力。政府在制定创新政策和提供创新支持方面发挥着引导和推动的作用。政府可以通过建立创新平台和孵化器、提供资金支持和税收优惠等方式，为创新主体提供必要的资源和环境。同时，企业也需要积极投入创新活动，加强与其他创新主体的合作与交流。

为了扩展区域科技创新系统的影响力，可以采取一系列措施。首先，政府可以加大对创新网络系统的支持力度，鼓励创新主体之间的合作与交流。其次，可以加强人才流动和交流，通过引进高层次人才、组织创新论坛和研讨会等活动，促进不同地区之间的人才交流与知识共享。此外，建立评估和监测机制，定期评估区域科技创新系统的运行状况，并根据评估结果进行政策调整和优化。

通过以上的扩展措施，可以进一步提升区域科技创新系统的效能，推动地方经济的发展和提升竞争力。区域科技创新系统的形成和发展需要各方的共同参与和合作，只有通过共同努力，才能实现创新生态的良性循环和区域创新能力的持续提升。

三、科技创新对社会经济发展的重要性

科技创新是社会经济发展的关键驱动力之一。它能推动社会经济的发展。通过改进和创建新的科技，可以提高生产力，改善生产条件，提高产品质量，降低生产成本，从而提高社会经济效益。例如，在制造业中，科技创新可以通过引入自动化和人工智能来改善生产流程，减少浪费，提高效率。在农业领域，通过使用先进的农业技术，如无人机和精准农业，提高农产品的产量和质量，减少农业成本。在服务业，科技创新可以通过使用大数据、云计算和人工智能等技术，提高服务质量，提供更个性化和便利的服务，从而提高服务效率和客户满意度。

科技创新对社会经济产生了重要的影响。科技创新已经改变了生活方式，改善了生活质量。科技创新带来了全新的产品和服务，如智能手机、电子商务、在线教育、远程医疗等，这些产品和服务不仅改善了我们的生

活，也创造了新的就业机会，促进了社会经济的发展。同时，科技创新也提高了社会经济的效率，改变了社会经济的结构。例如，互联网技术的发展推动了数字经济的发展，这不仅改变了传统的商业模式，也引发了新的经济增长点。

科技创新还改变了社会经济的发展趋势和模式。例如，环保科技的创新推动了绿色经济的发展，这不仅满足了人们对环境保护的需求，也为社会经济发展开辟了新的道路。同时，科技创新还推动了社会经济的数字化、智能化、网络化，这使得社会经济发展更加高效、快速和灵活。

科技创新对社会经济产生了重要的作用。科技创新可以提高社会经济的竞争力，促进社会经济的可持续发展。随着全球化和信息化的发展，科技创新已经成为各国增强国际竞争力的关键因素。同时，科技创新还可以推动社会经济的结构调整，改善社会经济的结构。例如，新能源技术的创新推动了能源结构的转型，这不仅有利于环境保护，也有利于经济的长期发展。此外，科技创新还可以提高社会经济的效率，改善社会经济的环境。例如，清洁技术的创新可以减少环境污染，提高资源利用效率，这对于实现社会经济的可持续发展具有重要意义。

在未来，应当进一步加强科技创新，引导科技创新向更加符合社会需求、更加环保、更加高效的方向发展，以实现社会经济的高质量发展。

四、科技创新对个体和组织的影响

科技创新对个体和组织的影响是深远且多面的，它改变了生活方式、工作方式，甚至思维方式，改革了组织的生产方式、结构以及商业模式。

考虑个体，科技创新引入了新的工具和技术，转变了工作方式。这种影响尤其在远程工作和在线会议技术的推动下显得尤为突出。这些创新使得工作不再受到地点的限制，个体可以选择在任何他们认为最高效或最舒适的地方工作。这种灵活性不仅改善了个体的工作效率，还可能提高其工作满意度，从而增加生产力。

科技创新同时也改变了个体的学习方式。互联网和移动技术的普及使得信息变得随时可获取，学习也因此变得更加自由和灵活。在线教育平台和人工智能辅导系统提供了一种个性化的学习方式，个体可以根据自己的进度和需求进行学习。这种个性化的学习方式有助于提高学习效率和效果，帮助个体更好地适应不断变化的世界。

此外，科技创新的发展也对个体生活产生了深远影响。智能家居和物联网技术的出现使得生活变得更加便利，人工智能和大数据的发展则使得服务更加个性化。这些创新不仅提升了生活的舒适度，也增加了生活的乐趣。

从组织角度看，科技创新改变了传统的生产方式。自动化和人工智能的引入可以提高生产效率，减少错误，并最终提高产品质量。这对于任何希望保持竞争力的组织来说都是至关重要的。

科技创新也在改变组织结构和管理方式。随着新信息技术，如云计算和大数据的出现，信息处理和决策制定的效率得到了显著提高。社交媒体和协作工具的使用进一步提高了组织内部的沟通效率，使组织变得更加灵活和有创新能力。科技创新正在改变组织的商业模式。电子商务和移动支付技术的发展改变了传统的购物和支付方式，为组织开辟了新的商业机会。同时，这些创新也为消费者提供了更多的选择和便利。

五、科技创新在现代社会中的角色

在全球化的世界中，科技创新已经成为推动社会进步和经济发展的重要力量。在不断地科技革新和创新中，民众可以看到一个全新的世界正在被塑造，同时也为个人和组织提供了无限的可能性。因此，理解科技创新的重要性，理解它如何影响生活、工作和思维方式，已经成为在这个变化的时代中适应和创新的重要途径。

在经济领域，科技创新的作用尤为显著。随着技术的不断发展，新的产品和服务不断被创造出来，新的市场和产业也在不断出现。这些新的产业和市场创造了大量的就业机会，提高了社会的生产力，促进了经济的增长。同时，科技创新也改变了传统的生产方式和商业模式。通过使用新的技术，企业可以提高生产效率，减少成本，提升产品和服务的质量。在全球化的竞争环境中，科技创新已经成为企业获取竞争优势，实现可持续发展的重要手段。

科技创新不仅影响着经济，也正在改变普通民众的生活方式。智能手机、互联网、社交媒体等新技术的出现，让大众的生活变得更加便捷、丰富和多彩。人们可以在任何地方、任何时候获取信息，与他人进行交流，享受各种服务。与此同时，科技创新也带来了新的挑战。例如，隐私保护、网络安全、技术依赖等问题，已经成为需要面对和解决的重要议题。

在教育领域，科技创新也产生了深远的影响。新的教育技术，如在线教育、移动学习、人工智能辅导等，正在改变传统的教学方式，使教育变得更加个性化、灵活和高效。这些新的教育方式不仅有助于提高学生的学习效果，也让教育的机会变得更加公平和普遍。未来，科技创新将在教育领域发挥更大的作用，助力全人类的知识进步和人才培养。

科技创新对于环境保护也有重要的作用。随着环保问题的日益突出，如何利用科技创新来解决环保问题，已经成为全球的重要议题。新的环保技术，如清洁能源、节能技术、污染控制技术等，为解决环保问题提供了新的可能性。通过科技创新，可以更有效地减少污染，节约资源，保护环境，实现可持续发展。

在个人角度，科技创新也有深远的影响。新的技术改变了普通民众获取信息、交流、学习、工作、娱乐的方式，极大地提高了生活质量。同时，科技创新也提供了大量的机会，使民众能够实现自我发展和价值实现。在科技创新的驱动下，可以更好地理解世界，更好地发展自我，更好地为社会做出贡献。

科技创新正在深刻地改变社会、经济、生活和思维方式。在未来，科技创新的影响将更加深入和广泛。面对科技创新带来的机遇和挑战，人们需要拥抱变化，发扬创新精神，不断学习和进步，以适应并创造新的未来。

第二节 科技创新的类型与形式

一、科技创新的类型

科技创新的类型多样化，是人类社会进步的重要驱动力。科技创新不仅有助于改善人类的生活质量，而且对经济发展也有深远影响。科技创新可以分类为五个主要类型：基础研究型创新，应用研究型创新，技术创新型创新，组织创新型创新以及社会创新型创新。如图 1-1 所示。

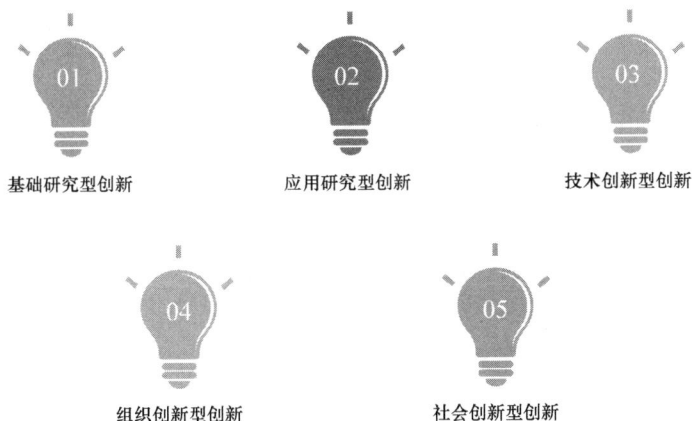

图 1-1 科技创新的类型

（一）基础研究型创新

基础研究型创新是一种关注科学知识根本探索和发现的创新形式。它由学术机构、大学和研究人员主导，旨在提升人类对自然界和世界的理解，并为未来的应用研究提供基础。基础研究的目标不在于追求直接的商业价值，而是通过探索未知领域和现象，推动科技进步和社会发展。

基础研究型创新的关注点在于揭示自然界的基本规律、解释未知现象、发展新理论等。它不仅扩展了对自然界的认知，还为应用研究和技术创新提供了重要的基础。通过对基础科学问题的深入研究，基础研究型创新为未来的应用研究和技术开发提供了理论支持和科学依据。

尽管基础研究型创新的成果可能不会立即转化为商业产品或服务，但它对科技进步和社会发展的贡献是长期而重要的。基础研究为应用研究提供了创新的思路和方法，帮助科学家和工程师更好地理解和解决现实世界中的问题。许多重大的科学和技术突破都源于基础研究的发现和探索，如量子力学、基因编辑技术和人工智能等。

基础研究型创新的过程通常需要大量的时间、资金和专业知识。研究人员进行系统的实验观察、理论推演和数据分析，以建立新的理论模型或验证现有理论。这种创新形式的成果通常通过学术期刊、会议和学术交流来进行传播和分享，从而促进学术界和科研机构之间的合作。

基础研究型创新不仅对学术界有重要意义，也对社会产生深远影响。它为社会发展提供了新的思路和方法，拓宽了人类对世界的认知和理解。基础研究的成果还为教育提供了教学资源和案例，培养了新一代科学家和研究人员，推动了整个社会的科学素养和创新能力的提升。

（二）应用研究型创新

应用研究型创新是将基础研究的成果应用到实际生产和生活中，以解决现实问题和满足人们的需求的创新形式。这类创新通常由企业、研究机构和工程师进行，旨在将科学和技术知识转化为实际的产品、服务或解决方案，从而直接产生商业价值，并带来经济和社会效益。

应用研究型创新的关注点在于将基础研究的理论和方法应用到实际场景中，以解决实际问题或改进现有产品和服务。它涉及识别和理解市场需求，研发新技术、产品或流程，以满足人们的需求并提供实际的解决方案。通过应用研究型创新，科学和技术的成果得以转化为商业化的产品或服务，实现商业成功和社会进步。

应用研究型创新的过程主要有以下几点。问题定义和需求分析、技术研发和优化、原型设计和测试、市场验证和推广。在问题定义和需求分析阶段，研究人员和工程师与相关利益相关者合作，明确问题的本质和需求。接下来，他们通过技术研发和优化，将基础研究的成果转化为具体的解决方案。原型设计和测试阶段用于验证解决方案的可行性和有效性。最后，通过市场验证和推广，将创新成果引入市场，并获得商业成功。

应用研究型创新的成功与市场适应性和商业化能力密切相关。在创新过程中，了解市场需求、竞争情况和商业模式至关重要。创新者需要将科学和技术成果转化为有市场竞争力的产品或服务，并建立商业模式和市场营销策略，以实现商业化和经济效益。

应用研究型创新对经济和社会发展具有重要意义。它促进了产业升级和转型，推动了技术进步和竞争力提升。应用研究的成果不仅改善了生产和生活方式，还创造了就业机会和经济增长。同时，它还满足了人们对新产品和服务的需求，提高了生活质量和社会福利。

（三）技术创新型创新

技术创新型创新是一种注重产品、服务或生产过程改进和创新的创新形式。它的主要目标是提高效率、降低成本、提升产品质量以及增加附加值。技术创新型创新由企业和工程师主导，通过引入新的技术、工艺或方法，以改善现有产品、服务或生产过程，并为企业带来经济效益和社会福利。

技术创新型创新通常涉及以下几个方面。产品创新、工艺创新和管理创新。产品创新指的是通过引入新的技术或设计概念，改进现有产品的性能、功能或外观，或开发全新的产品来满足市场需求。工艺创新关注的是通过改进生产过程中的技术、设备或方法，提高生产效率、降低成本或改善产品质量。管理创新则涉及改进企业的组织结构、运营模式、营销策略等方面，以提高企业的竞争力和创新能力。

技术创新型创新的过程通常包括以下几个阶段：技术研发、实验和测试、产品开发和改进、市场推广和应用。在技术研发阶段，研究人员和工程师通过实验、模拟和分析等方法，开发新的技术或改进现有技术。实验和测试阶段用于验证技术的可行性和有效性。在产品开发和改进阶段，基于新技术或改进后的工艺，开发出新的产品或改进现有产品。最后，通过市场推广和应用，将创新成果引入市场，并获得经济效益和社会福利。

技术创新型创新对企业和社会的影响是显著的。它可以提高企业的生产效率和竞争力，降低成本，改善产品质量，并带来更高的附加值和利润。技术创新还可以推动产业升级和转型，促进经济发展。同时，它也可以满足消费者对更高品质产品和服务的需求，提升人们的生活水平和社会福利。

在技术创新型创新过程中，企业和工程师需要密切关注市场需求和竞争状况。了解市场趋势和消费者需求，以及对竞争对手的了解，是技术创新的关键。同时，与供应商、合作伙伴和研究机构的合作也是推动技术创新的重要因素。这种合作可以促进知识共享、资源整合和创新能力的提升。

（四）组织创新型创新

组织创新型创新是一种关注企业的组织结构、管理模式和人力资源管理的改进与创新的创新形式。它旨在提高企业的竞争力和适应性，通过改变组织内部的运作方式和管理方法，以适应市场变化、提高效率和创造价值。组织创新型创新常由企业管理者和顾问进行，其成果可以带来经济效益和社会效益。

组织创新型创新的关注点主要包括以下几个方面：组织结构创新、管理模式创新和人力资源管理创新。组织结构创新涉及重新设计和调整企业内部的组织结构，以提高协同效应、决策效率和资源配置效率。管理模式创新关注的是改进和创新企业的管理方法、流程和制度，以提高企业的运营效率、创新能力和市场反应速度。人力资源管理创新则注重改进和创新企业的员工招聘、培训、激励和绩效管理等方面，以激发员工的创新潜力和发挥个人能力。

组织创新型创新的过程通常包括以下几个阶段：问题识别和需求分析、方案设计和实施、评估和调整。在问题识别和需求分析阶段，企业管理者和顾问与相关利益相关者合作，明确需要改进和创新的方面。接下来，他们通过方案设计和实施，提出新的组织结构、管理模式或人力资源管理策略，并将其应用到实际运营中。评估和调整阶段用于监测创新成果的效果和影响，并进行必要的调整和改进。

组织创新型创新对企业和社会的影响是显著的。它可以提高企业的竞争力和适应性，推动企业的创新和发展。通过改进和创新组织结构和管理模式，企业可以更好地应对市场变化、提高运营效率和创新能力。同时，人力资源管理创新可以激发员工的创新潜力和发挥个人能力，提高员工的满意度和企业的绩效。

在组织创新型创新过程中，企业管理者需要具备创新意识和创新能力，并与员工和利益相关者进行广泛的沟通和合作。此外，积极关注市场变化、了解行业趋势和学习最佳实践也是推动组织创新的关键。通过建立学习型组织、培育创新文化和提升组织能力，企业可以不断进行组织创新，实现持续的竞争优势。

（五）社会创新型创新

社会创新型创新是一种专注于解决社会问题、提高社会公平性、促进社会和谐、增加社会福利的创新形式。它由非营利组织、社会企业和社会活动家主导，旨在通过创新的思维和方法，推动社会变革和社会发展，产生社会效益和人文价值。

社会创新型创新的关注点主要涉及以下几个方面：社会问题的识别和分析、解决方案的设计和实施、社会影响的评估和扩大。在社会问题的识别和分析阶段，非营利组织、社会企业和社会活动家与社会各界合作，深入了解社会问题的本质和影响因素。接下来，他们通过创新的思维和方法，设计和实施解决方案，以解决社会问题并提高社会公平性和福利水平。在社会影响的评估和扩大阶段，他们评估创新成果的效果和影响，并积极寻求扩大影响范围的机会，以推动社会变革。

社会创新型创新的过程通常包括以下几个阶段：社会问题识别、社会创新设计、社会创新实施、社会影响评估和社会创新扩大。在社会问题识别阶段，社会创新者与相关利益相关者合作，确定需要解决的社会问题，并深入了解其根本原因。接下来，通过社会创新设计，创新者与利益相关者合作，提出创新的解决方案和实施计划。在实施阶段，他们落实创新方案，通过行动和合作推动变革。社会影响评估阶段用于评估创新成果的效果和影响，并进行必要的调整和改进。最后，在社会创新扩大阶段，创新者寻求扩大创新影响范围的机会，推动社会变革的持续发展。

社会创新型创新对社会的影响是深远的。它可以解决社会问题，提升社会公平性和社会和谐，提高社会福利水平。社会创新不仅关注经济效益，更注重人文价值和社会影响。它通过提供新的解决方案、改变社会观念和行为，推动社会变革和社会进步。

在社会创新型创新过程中，非营利组织、社会企业和社会活动家需要积极与利益相关者进行合作和协同。他们需要建立合作伙伴关系，利用社会网络和资源，共同努力解决社会问题。同时，社会创新者还需要关注政策环境和社会文化的影响，以提高创新的可持续性和影响力。

每一种科技创新类型都具有其独特的价值和作用，应鼓励和支持各种类型的创新，以推动社会进步和人类福祉。通过综合不同类型的创新，进而更全面地理解科技创新的内涵，更有效地推动科技创新的发展。

二、科技创新的形式

科技创新是推动社会经济发展的重要动力，企业需要关注科技创新的最新动态，积极探索和应用新技术，开发新产品，提供新服务，探索新生产方式，以保持在激烈的市场竞争中的竞争优势。其形式主要表现在以下四个方面，如图 1-2 所示。

图 1-2　科技创新的形式

（一）新产品的研发

新产品的研发是科技创新的重要组成部分,它涉及企业通过引入新的技术、设计和功能来满足市场需求。随着科技的迅速发展和社会的不断变化,消费者对产品的期望和需求也在不断演变。为了保持竞争优势并满足消费者的需求,企业需要进行新产品的研发。

新产品的研发可以分为两种形式:全新的创新和对现有产品的改进和优化。全新的创新指的是通过引入全新的概念、技术或设计来开创一个全新的产品类别。例如,智能手机的出现就是一种全新的创新,它将传统手机与计算机、互联网和其他功能融合在一起,提供了全新的用户体验和功能。这种全新的创新需要企业进行大量的研究和开发工作,包括技术研究、设计、制造和市场推广等方面。另一种形式是对现有产品的改进和优化。这种形式的研发旨在改进产品的性能、功能或设计,以提升用户体验或满足新的市场需求。企业通过分析市场反馈和消费者的反馈意见,发现产品存在的问题或潜在的改进空间,并进行研发工作来解决这些问题或提升产品的性能。例如,智能手机的更新版本通常会在前一代产品的基础上进行改进,包括更快的处理器、更高分辨率的屏幕、更强大的摄像头等,以满足消费者对性能和功能的不断追求。

新产品的研发对企业来说具有重要意义。它可以帮助企业满足不断变化的市场需求。随着社会的发展和科技的进步，人们对产品的需求也在不断变化。通过进行新产品的研发，企业可以及时推出满足新需求的产品，从而保持市场竞争力。新产品的研发可以帮助企业保持竞争优势。在竞争激烈的市场环境中，产品的更新换代速度非常快。如果企业不能及时推出新产品，就有可能被竞争对手抢占市场份额。通过进行新产品的研发，企业可以不断提升产品的性能和功能，吸引消费者的注意并保持竞争优势。

新产品的研发需要企业具备一定的技术实力和研发能力。它涉及多个环节，包括市场调研、技术研发、设计、测试和市场推广等。在研发过程中，企业需要与多个部门合作，包括研发团队、设计团队、市场团队等，以确保产品的顺利开发和推广。

（二）新技术的应用

新技术的应用是科技创新中至关重要的一环。随着科技的不断进步，新技术的涌现为企业带来了巨大的机遇和挑战。新技术的应用可以帮助企业提高生产效率、降低成本、改善产品质量，并在市场竞争中获得优势。

一种重要的新技术是人工智能（Artificial Intelligence，AI）。人工智能技术可以模拟人类智能的各种能力，例如感知、理解、学习、推理和决策等。在企业中，人工智能可以应用于各个领域，例如自动化生产线、智能客服、智能推荐系统等。通过人工智能技术的应用，企业可以实现生产过程的自动化和智能化，提高生产效率和质量，并降低成本。另一个重要的新技术是大数据（Big Data）。大数据指的是海量的、多样化的数据集合，这些数据集合包含了有关消费者行为、市场趋势、产品性能等各个方面的信息。通过利用大数据技术，企业可以从庞大的数据集中提取有价值的信息，进行市场分析、消费者洞察和产品优化。企业可以利用大数据技术预测市场需求，优化产品设计，并制定更准确的营销策略。

另外，云计算技术通过网络提供计算资源和存储空间，使企业能够灵活地扩展计算能力和存储容量。通过云计算，企业可以将数据和应用程序存储在云端，实现资源的共享和协作。云计算还提供了强大的计算能力，使企业能够处理大规模的数据和复杂的计算任务。同时，云计算还具有成本效益和灵活性的优势，企业可以根据实际需求调整资源的使用，并降低 IT 基础设施的投资成本。这也是其中一个重要应用领域。

新技术的应用对企业具有重要意义。它可以提高企业的生产效率和质量。新技术的引入和应用可以自动化和智能化企业的生产过程，提高生产效率，并减少人为错误。同时，新技术还可以提供更准确和可靠的数据分析，帮助企业优化生产流程和产品设计，提高产品质量。新技术的应用可以降低企业的成本。通过新技术的应用，企业可以实现生产过程的自动化和智能化，减少人力和物力资源的浪费，并降低生产成本。同时，新技术还可以提供更高效的数据处理和管理能力，减少数据存储和处理的成本。新技术的应用可以帮助企业获得竞争优势。在竞争激烈的市场环境中，企业需要不断创新和提升自身的竞争力。通过引入和应用新技术，企业可以提供更具竞争力的产品和服务，满足消费者的需求，抢占市场份额。

（三）新服务的提供

新服务的提供是科技创新中的重要一环。随着人们生活水平的提高和社会的变化，对服务的需求也在不断增加和变化。提供新的服务能够满足人们不断变化的需求，并带来更高效、便捷和个性化的服务体验。新服务的提供通常依赖于新技术的应用，例如互联网、移动通信和人工智能等。

一种重要的新服务形式是共享经济。共享经济利用互联网和移动通信技术，将闲置资源进行共享和利用，通过平台的匹配和交易，满足消费者的需求。例如，共享出行服务（如 Uber、滴滴出行等）通过将车主的闲置车辆和乘客的出行需求进行匹配，实现了更高效和便捷的出行方式。共享经济的出现不仅改变了传统产业的商业模式，也为消费者提供了更多选择和更灵活的服务。

另一种新服务形式是在线教育。随着互联网的普及和技术的进步，人们越来越注重学习和知识的获取。在线教育通过网络平台提供在线课程和学习资源，使学习变得更加便捷和灵活。学习者可以根据自己的需求和时间进行学习，无须受限于传统教育机构的时间和地点限制。在线教育还通过智能化的学习系统和个性化的学习推荐，提供了更个性化和高效的学习体验。

同时，新服务的提供还包括在线医疗。随着人口老龄化和医疗资源的不均衡分布，传统的医疗服务面临着挑战。在线医疗通过互联网和通信技术，将医生和患者进行远程连接，提供远程诊断、咨询和治疗等医疗服务。患者可以通过在线平台咨询医生，获取医疗建议，并在必要时进行远程诊断和治疗。在线医疗的出现提高了医疗资源的利用效率，同时也方便了患者就医。

新服务的提供对企业和消费者都具有重要意义。对于企业而言，提供新服务可以创造新的商业机会，拓展市场份额，并获得竞争优势。通过运用新技术和创新的服务模式，企业可以满足消费者不断变化的需求，提供更好的服务体验，建立良好的品牌形象。

对于消费者而言，新服务的提供带来了更多的选择和更便捷的服务体验。新服务通常以高效、灵活和个性化为特点，可以根据消费者的需求和偏好进行定制，提供更好的用户体验。例如，共享经济的出现使得人们可以更便捷地获取所需的服务，而在线教育和在线医疗则使学习和就医更加灵活和便利。

（四）新生产方式的探索

新生产方式的探索是科技创新中的重要组成部分。随着工业 4.0、智能制造和数字化技术的发展，传统的生产方式正逐渐演变为更高效、智能和灵活的新生产方式。企业需要探索和采用这些新生产方式，以提高生产效率、降低成本、改善产品质量，并保持竞争优势。

新生产方式的探索涉及多个方面。新生产方式可能涉及新的生产工艺和技术。例如，先进的制造技术（如 3D 打印、机器人技术）和新材料的应用可以提高生产效率和产品质量。这些新技术和工艺可以使生产过程更加智能化和自动化，减少人为误差和浪费，并提高产品的精度和一致性。

新生产方式可能涉及到新的管理模式和方法。例如，智能制造通过整合生产过程中的各个环节，并运用数据分析和实时监控技术，实现生产过程的可视化和优化。通过采用先进的管理模式，如精益生产、敏捷制造等，企业可以提高生产效率，降低库存和流程时间，并及时响应市场需求。

此外，新生产方式的探索还可能涉及到新的生产设备和设施。例如，自动化设备、智能机器人和物联网技术的应用可以实现生产线的智能化和灵活化。这些新设备和设施可以提高生产效率、降低人力成本，并支持实时监控和调整生产过程。

新生产方式的探索对企业具有重要意义。它可以提高生产效率和灵活性。新生产方式的应用可以减少人力资源的浪费，提高生产过程的效率，并使企业能够更快速地响应市场需求的变化。这有助于降低生产成本、提高产品的交付速度，并提升企业的竞争力。新生产方式的探索可以改善产品质量和创新能力。通过应用先进的生产工艺和技术，企业可以提高产品的质量和精度，并开发出更具创新性的产品。这有助于提升产品的附加值，满足消费者对高品质和创新产品的需求。

第三节　科技创新的核心要素

科技创新的成功需要创新主体、创新效能、创新文化和创新价值四个要素的有机结合，这四个要素缺一不可，相互之间也相互影响，共同构成了科技创新的核心要素。如图 1-3 所示。

创新主体：激发科技创新的主体活力	创新效能：提高科技创新的整体效能	创新文化：提高科研文化创新影响力	创新价值：坚持正确的科技创新价值导向
① 强化科技创新的统筹协同	① 增强科技创新的供给能力	① 建立尊重科技创新的价值观	① 科技评价体系的构建
② 健全技术创新的市场导向机制	② 提高科技投入与科技产出的绩效	② 培养科学精神	② 包容性的科研文化
③ 建立科技创新的法律保障体系	③ 加强科技创新驱动发展的组织整合	③ 弘扬科技强国的科学家精神	③ 加强科研诚信和学术规范

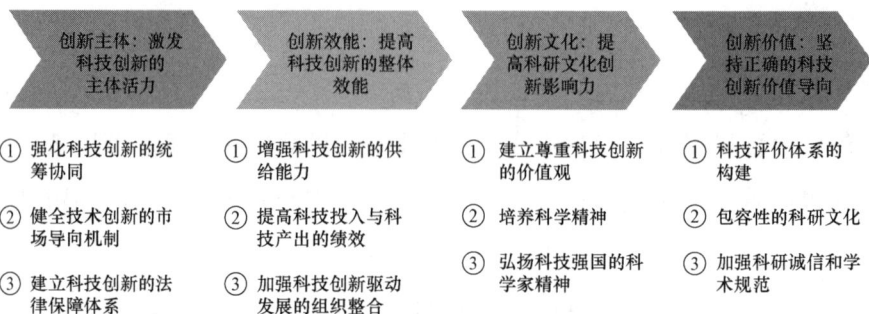

图 1-3　科技创新的核心要素

一、创新主体：激发科技创新的主体活力

（一）强化科技创新的统筹协同

科技体制改革的核心是改变科技资源配置方式，提高效率。在新一轮科技革命和产业变革中，科学研究已经进入合作时代，创新驱动的转变需要要素升级、结构优化和制度变革。为了推动科技创新，需要加强科技宏观统筹，消除制约科技创新的体制机制障碍，实现科技发展的质量变革、效率变革和动力变革。科技创新的统筹协同是不可或缺的选择。

在深化科技体制改革的过程中，科技创新的统筹协同是一种重要手段和目标。它通过制度创新引领科技改革，深化科技创新的供给侧结构性改革，实现科技创新资源的高效配置利用。科技创新的统筹协同是一个系统工程，它不仅满足凝聚科技创新合力、完善科技创新合作顶层设计和布局的需求，也符合加快国家科技创新体系和科技强国建设的现实和长远需求。通过强化科技创新的统筹协同改革凝聚起科技创新的巨大合力，走出具有中国特色的科技自主创新道路，形成新的科技竞争优势。

（二）健全技术创新的市场导向机制

为了健全技术创新的市场导向机制，要破除过时的体制机制，实现科技和经济的紧密结合。在当前的知识经济背景下，科技创新驱动发展需要充分发挥市场的导向作用，包括技术研发方向的选择、要素价格的形成以及各类创新要素的配置等。

面对世界科技革命和产业变革的历史性交汇，打通科技和经济之间的转移转化通道，提高科技供给体系的质量和效率，提升科技创新的综合化与专业化水平，从而推动社会生产力水平的整体提升。为此，健全技术转移机制，发挥市场导向机制的支撑和引领作用，加快建立由市场决定技术创新的市场导向机制，形成以企业为主体、市场为导向、产学研用深度融合的技术创新体系。

市场导向机制是推动科技创新向更深层次发展的重要动力。科技创新的价值需要通过市场来实现，而市场方法和市场规则对于推动科技协同创新起着关键作用。因此，应当让市场发挥作用，充分发挥市场的"看不见的手"导向科技创新的方向和路径。

（三）建立科技创新的法律保障体系

中国崛起对国际科技力量对比结构产生了深刻影响，并加速了国际科技格局的重构。面对新科技革命与推动高质量发展的历史性交汇，我国正在从"科技大国"迈向"科技强国"，这对科技法治建设提出了更高的要求。法治建设与世界科技强国建设相互促进、深度融合。我国的科技现代化要实现从"跟踪发展"到"赶超引领"的转变，必须以法治方式引领、规范、促进和保障科技创新，提高各类科技创新主体的法律意识。这是增强科技国际竞争力的重要环节，也是我国实现建设世界科技强国目标的必然要求。

为了有效保护科技创新成果，切实维护科研人员的创新积极性和合法权益，以法律为科技创新提供坚实的保障。通过法律形式将科技创新成果有效保护起来，确保科技创新得到妥善运用和利用。在实现建设世界科技强国的目标下，不断应对科技进步所提出的新问题、新挑战，构建系统配套、激励相融的科技创新法律制度。这是新时代推动科技进步和科技创新发展的显著特征，也是中国科技软实力建设的重要特色。

二、创新效能：提高科技创新的整体效能

（一）增强科技创新的供给能力

科技实力与科技创新能力是不同的概念。为了增强科技创新能力并更好地面向世界科技前沿，有效整合科技创新资源和要素，通过明确的科技创新目标来优化资源配置，并加强有针对性的制度供给。通过强化科技创新的制度供给，进而激发科技创新主体的积极性、主动性和创造性，实现科技创新供需的高水平匹配。在科技创新领域取得突破，掌握更多的主动权，为高质量科技发展提供更多的动力。当前，全球科技发展迅速，科技创新的不确定性和不稳定性日益增加，制度供给的质量和效率面临严峻挑战。因此，需求导向的科技治理有助于抓住科技革命和产业变革的机遇，聚焦科技创新的重点和难点，建立高质量的关键技术供给体系，更好地促进现代化发展。

（二）提高科技投入与科技产出的绩效

科技投入是科技活动的核心环节，反映了一个国家对科技资源的调动和配置能力。随着我国科技创新从数量积累到质量飞跃、从点状突破到系统能力提升，要成为世界科技强国并抓住科技革命的机遇，就必须增强科技投入的集聚放大效应和示范带动作用，提高科技产出的质量和实际影响力。在科技创新和新旧动能转换的攻坚期，面对科技创新"赶超引领"的不确定性和多样化需求，应当最大限度地释放和激发科技作为第一生产力所蕴藏的巨大潜能。只有加快完善符合科技创新规律的科技投入机制，协调和统一不同配置方式的科技投入，提高科技投入配置的综合化和专业化水平，通过提高科技投入配置效率的手段，扩大科技有效供给，推动科技投入的协调和优化，实现科技投入效益的最大化，提升国家创新体系的整体效能。

（三）加强科技创新驱动发展的组织整合

知识经济的兴起和信息技术革命的推进改变了科技创新的发展形势和战略选择，使我国科技发展和科技创新处于整体性的动态演进之中。创新驱动发展战略是一个复杂的系统工程，旨在打造先发优势，但也面临着需求无限与能力有限之间的矛盾。这关系到我国科技治理体系和治理能力现代化的推进。因此，随着我国科技创新跨越发展动能的积聚，科技创新整体水平需要不断从数量增长向质量提升迈进。立足于科技发展新常态和动力节点的转换，解决科技创新中的痛点和难点，通过统筹部署和系统集成，推动科技创新主体之间的协同互动，形成创新合力，实现科技创新与制度创新的协同发挥作用，加快实现从以科技要素驱动和投资规模驱动为主到以科技创新驱动为主的转变。

三、创新文化：提高科研文化创新影响力

（一）建立尊重科技创新的价值观

建立尊重科技创新的价值观是提高科研文化创新影响力的重要一环。这意味着人们需要理解和接受科技创新对社会和经济发展的重要性和价值。科技创新不仅能够推动经济增长，提高生活质量，还可以解决许多社会问题和挑战。一个尊重科技创新的价值观鼓励人们认同和支持创新者，给予他们所需要的资源和环境，以鼓励更多的创新活动。这意味着政府、企业和社会应该为科研人员提供良好的研究条件、投入资金和技术支持，同时也需要承认和奖励科技创新的成果和贡献。

（二）培养科学精神

科学精神强调对真理的追求，批判思考以及在质疑和论证中寻求知识。它鼓励科研人员挑战既定的观念，敢于尝试新的想法，并且在面对失败和困

难时坚持不懈。科学精神的培养需要在教育和研究过程中实施，从培养科学素养开始，包括培养批判性思维、观察力、实验设计能力和数据分析能力等。同时，社会大众也需要理解和支持科学精神的重要性，尊重科学方法和科学研究的价值，鼓励公众参与科学讨论和科学普及活动。

（三）弘扬科技强国的科学家精神

科学家精神代表了对科技进步和科学发现的无尽追求，以及对社会和人类福祉的关注和承诺。这种精神鼓励科研人员面对科学研究的风险和不确定性，依然保持探索和创新的热情。弘扬科学家精神可以帮助科研人员克服困难，激励他们为科技创新做出更大的贡献。为了弘扬科学家精神，需要在科研人员培养和选拔过程中注重培养科研热情、科研素养和科研道德，同时也需要建立激励机制，奖励科研人员的创新成果和贡献，鼓励他们积极参与国家科技发展战略和重大科研项目。

四、创新价值：坚持正确的科技创新价值导向

（一）科技评价体系的构建

科技评价是对科研成果价值和效益的衡量和评定，对推动科技创新驱动发展具有基础性和根本性作用，也对科学共同体生态良性发展至关重要。在新一轮科技革命和产业变革的背景下，科技评价是优化科技创新行为、提升绩效的重要因素，有助于高效配置科技创新要素。科技评价改革已成为社会共识，要建立有效的科技评价治理体系，实现公开透明的科技评价，需要破除体制机制障碍，进行科研管理流程再造。以科技创新质量、贡献和绩效为导向，改革评价制度、创新工具和模式，处理好评价与创新的耦合问题，激发科研人员的活力。

（二）包容性的科研文化

科研文化应以包容科研"失败"为宗旨，充分调动科研人员的积极性，激励自主创新，让科技自主创新的源泉充分涌流。接纳科研"失败"实际上也是对科研创新的激励。人类科技的进步历程，正是一部纠正错误并持续创新的历史。尽管科研"失败"并非科技创新的直接目标，但它却是通往科技创新成功的必要途径。在充满包容性的科研环境中，对科研"失败"的接纳和对科研创新的鼓励是两个相互补充的方面。科研"失败"在一定程度上也是科学知识的累积，它可以激发自由的探索精神，鼓励自主创新，充分挖掘科研人员的潜能。要让科技创新的活力源源不断，不能忽视"接纳科研失败"的科研文化的塑造和影响，需要摒弃那种"赢者为王，败者为寇"的竞争心态。

（三）加强科研诚信和学术规范

科研诚信是科学最基本的道德原则，是保障科技成果可靠性的前提，也是科技创新的重要基石。健全的学术规范则贯穿于科研活动整个过程，是科学研究共同体内必须遵循的基本准则，也是科研活动不断实现创新发展的重要保证。

第四节　创新链和产业链

一、创新链

（一）创新链的概念

创新链是以满足市场需求为导向的一种功能链节结构模式，通过知识创新活动将相关的创新参与主体连接起来,实现知识经济化和创新系统优化目标。创新链描述了从创意到商业化生产销售的整个过程,揭示了知识和技术在该过程中的流动、转化和增值效应,以及各创新主体在整个过程中的衔接、合作和价值传递关系。

创新链由创新要素构成,包括知识系统、技术系统(产品、工艺)、运管系统、资本、流通、信息、能量、交易系统、标准、流程系统、法政、人文和关联生态等系统。它是一个能提升生产力和优化生产方式的体系。创新链是围绕某一创新的核心主体,通过知识创新将相关的创新参与主体连接起来,实现知识经济化和创新系统优化的功能链结构模式。

(二)创新链的构成

创新价值链是指创新活动从开始到最终实现价值的一系列环节和过程。它可以分为要素整合、研发创造、商品化和社会效用化四个环节。如图 1-4 所示。

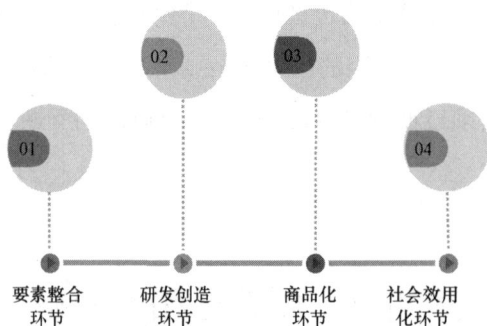

图 1-4　创新链的构成

1. 要素整合环节

要素整合环节是创新价值链的起点,它涉及培养、调动以及整合各种创新要素,包括人员、资金、设备、信息和知识储备等,形成成套的科研力量和体系。在这一环节中,关键的任务是将各种要素协调组织起来,以支持后续的创新活动。例如，组建跨学科的研发团队、筹集资金、配置必要的设备和技术资源等。

2. 研发创造环节

在要素整合环节的基础上，研发创造环节是创新价值链中的核心环节。在这个环节中，科研力量自发地进行研究，或者承接科研项目，通过实验、调查、分析等方法，发现新知识，形成新技术或其他科研成果。这个过程是创新的源泉，它推动着技术和知识的进步。

3. 商品化环节

商品化环节是将研发创造环节中的科研成果进一步与人员、资金、设备、信息、工艺、管理等要素结合，将其转化为具有市场价值的商品，并在市场上进行营销推广。在这个环节中，创意过程起着关键作用，通过设计、生产、包装等活动，将科研成果转化为符合市场需求的产品或服务。这个过程不仅包括技术层面的转化，还涉及市场调研、品牌推广、销售渠道建设等方面。

4. 社会效用化环节

社会效用化环节是创新价值链的最终目标，它将科研成果或形成的商品应用于社会生活等领域。在这个环节中，创新成果可以为社会带来实际的价值和效益，推动社会进步和发展。社会效用化环节通常在商品化环节之后，但也有部分科研成果可以不经过商业化环节而直接应用于社会生活各领域，并产生相应的社会效应。例如，新药物的研发成果可以直接用于医疗领域，改善人们的健康状况。

创新价值链的每个环节都具有重要的作用和价值。要素整合环节为后续的创新活动提供了基础支撑，研发创造环节是创新的核心，商品化环节将创新成果转化为市场价值，而社会效用化环节则是创新的最终目标，使创新成果对社会产生实际的影响和效益。创新链的构成涵盖了创新活动的全过程，从初始的要素整合到最终的社会效用化。通过各个环节的衔接和推进，创新链可以促进科技进步、经济增长和社会发展。在国际科技合作方面，根据创新链的不同环节需求，可以将其分为研发导向的国际科技合作、市场导向的国际科技合作、社会应用导向的国际科技合作和要素导向的国际科技合作。每种类型的国际科技合作都侧重于满足创新链在特定环节中的需求，推动创新活动的开展和成果的应用。

（三）创新链的特征

创新链是一个多元参与主体、共同追求目标、具有分工合作机制和开放性的链条结构。通过各参与主体的合作与协作，创新链能够推动创新活动的进行，促进经济和社会的发展。创新链具有以下特征：

1. 参与主体广泛

创新链涉及多个参与主体，包括企业、金融机构、中介组织、科研院所、高等院校和政府部门等。这些主体在创新链中扮演不同的角色，共同推动创新活动的进行。

2. 核心主体的存在

创新链中存在一个或多个起主导作用的核心主体，通常是企业和政府。核心主体具备实力和资源整合能力，能够有效地协调各参与主体共享资源，推动创新链的运作。

3. 共同目标

创新链的各参与主体应该具有一个共同的目标。核心主体的目标通常直接决定整个创新链的目标，但各参与主体之间的个体目标与共同目标可能存在差异。因此，核心主体需要考虑各方利益并采取纠偏措施，以维护创新链的正常运作。

4. 分工与合作机制

创新链内部存在完善的分工与合作机制。参与主体之间需要进行合作与协作，但由于自身利益的考量，合作过程中可能出现一些问题。因此，建立完善的合作机制，解决合作过程中的各类问题，对于创新链的运作至关重要。

5. 开放性

创新链是开放的，需要各种不同资源禀赋的组织参与其中。政府的政策支持、金融机构的资金保障、高等院校与科研院所的技术支持，以及社会组织的辅助都是创新链所需要的。开放性确保了创新链能够充分利用各方资源，实现创新资源的优化配置。

二、产业链

（一）产业链的概念

产业链是产业经济学中的一个重要概念，指的是从原材料生产到最终消费者使用的整个产业过程中，各个部门之间基于一定的技术经济联系和时空布局关系而形成的链条式关联形态。产业链可以从不同的维度进行考察，包括价值链、企业链、供需链和空间链。

产业链涵盖了产品生产或服务提供的全过程，涉及动力提供、原材料生产、技术研发、中间品制造、终端产品制造以及流通和消费等环节。它反映了产业组织、生产过程和价值实现的统一关系。

在产业链中，不同环节的企业或机构之间通过相互依存的关系进行合作与协作，每个环节都承担着特定的功能和责任，共同推动产品或服务的产出和交付。例如，原材料供应商提供必要的原材料，制造商进行加工和生产，分销商负责产品的流通和销售，最终实现产品的最终消费。

（二）产业链的形成

产业链形成的动力来自于企业面临越来越复杂的分工与交易活动，难以单独应对的挑战。通过与其他企业的相互关联与合作，可以节省交易费用，提高生产效率，并进一步促进分工的潜力。产业链的形成使得产业价值得以实现和增值，同时体现了产业价值的分割和分配。产业链的形成和发展通过协作乘数效应和分工的网络效应，创造出比单个企业内部更大的价值。其形成过程如下：

1. 社会分工的引起

社会分工是产业链形成的起点。随着技术的发展和生产过程的划分，不同的生产环节逐渐分离并由专门的企业或组织来承担。社会分工的不断加深促进了产业链的形成。

2. 市场交易的发展

随着社会分工的加深，各个企业或组织之间的交易活动也变得更加复杂。市场交易的程度不断加深，企业之间通过市场进行产品、服务和资源的交换和交易。

3. 产业链的形成与发展

在市场交易的作用下，产业链的形式不断延伸和复杂化。产业链由相互关联的企业或组织构成，通过垂直和水平的合作与协调，实现产品或服务的全面生产和交付。

4. 循环往复的演化过程

产业链的形成和发展是一个循环往复的过程。社会分工的进一步发展促进了市场交易的加深，而市场交易的加深又进一步推动了产业链形式的发展。这种演化过程使产业链不断形成并得以持续发展。

（三）产业链的内涵

产业链是指各个产业部门之间基于一定的技术经济联系和时空布局关系而客观形成的链条式关联形态，通常可以从供应链、生产链、分销链、价值链等四个维度予以考察，如图1-5所示。

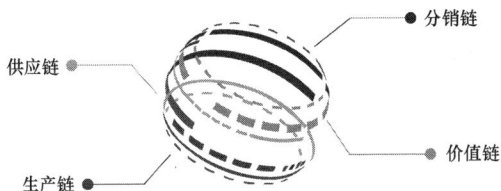

图1-5　产业链的四个维度

1. 供应链

供应链是指从原材料供应商到生产商的物资流动过程。它涉及原材料的采购、运输、仓储等环节。供应链的优化可以通过确保原材料的及时供应、降低物流成本、减少库存等方式来提高效率。有效的供应链管理可以减少生产过程中的延迟和浪费，确保生产能够按时进行。

2. 生产链

生产链是指将原材料转化为最终产品的生产过程。它包括生产设备、工艺流程、人力资源等方面的管理。生产链的优化可以通过提高生产效率、优化工艺流程、降低生产成本等方式来实现。优化生产链可以提高产品质量、降低生产周期，从而增强企业的竞争力。

3. 分销链

分销链是指从生产商到最终消费者的产品流动过程。它包括产品的销售、市场推广、渠道管理等环节。分销链的优化可以通过建立有效的销售渠道、提升产品知名度、改善客户体验等方式来实现。优化分销链可以扩大产品市场份额，增加销售额，提高客户忠诚度。

4. 价值链

价值链是指整个产业链中各个环节为产品增加的附加值。它包括产品设计、研发、品牌建设等方面的活动。价值链的优化可以通过不断创新、提升产品品质、提供个性化服务等方式来实现。优化价值链可以提高产品的差异化竞争力，创造更多的利润空间。

（四）产业链的构成

产业链是指从原材料采购到最终产品销售的整个生产过程中所涉及的各个环节和参与者的组合。它包括以下几个主要构成部分：

1. 原材料供应商

产业链的起点是原材料供应商，他们提供从自然资源中提取的原材料，例如，农产品、矿石或化学物质等。

2. 生产商

生产商是将原材料转化为最终产品的企业或组织。他们通过加工、制造和组装等过程，将原材料转变为具有附加值的中间产品或最终产品。

3. 分销商

分销商是负责将生产商生产的产品引入市场并销售给最终消费者的企业。他们在产品流通过程中发挥着重要的作用，包括产品销售、市场推广、零售等。

4. 零售商

零售商是最终产品销售的最后一环节，他们将产品直接销售给最终消费者。零售商可以是实体店铺、电子商务平台或其他销售渠道。

5. 服务提供商

在产业链中，还存在一些提供支持和服务的企业或组织，如物流公司、技术支持服务、维修服务等。他们通过为其他环节提供服务，促进整个产业链的运转和发展。

产业链中的各个环节和参与者之间相互依赖，形成了一个相互联系的生态系统。每个环节的效率和质量都对整个产业链的运作和产品的竞争力产生影响。产业链的构成因行业而异，具体的环节和参与者可能会有所不同，但上述的构成部分是通用的基本组成。

三、创新链和产业链的关系

（一）创新链在社会生产中的位置

创新链在社会生产中扮演着重要的角色。创新链是指将创新活动嵌入到社会生产的各个环节中，借助社会生产和产业链上的各个环节的增值，实现自身价值。创新链的位置与社会生产的不同环节和节点相关联。

在理论上，创新可以发生在社会生产的任何环节，创新活动的主体可以是任何环节的参与者。创新的内容也可以从理论创新到具体的技术和工艺创新多种多样。因此，创新链在社会生产的各个环节或节点上都有可能产生。

然而，实践中的创新活动主要集中在生产环节或科研环节，即由科技领军企业主导的创新链和由政府或科研机构主导的创新链。科技领军企业主导的创新链与产业链的契合度较高，双链的融合度也较高，这种创新链对社会生产的影响更为直接。由政府或科研机构主导的创新链由于环节更多更长，与产业链的契合度稍低，同时受外部因素的影响更大，因此在研究双链融合机制时需要考虑这些因素。

科研机构具有深厚的研究基础和学科背景，虽然与产业实践存在较大差异，但具备不易受市场功利因素影响的客观性和专业性优势。因此，由科研机构主导的创新链对社会生产乃至经济社会的影响往往更为广泛、深入和持久。

（二）产业链在社会生产中的位置

产业链在社会生产中处于中观层面的位置。如果将纵向考察的生产环节（生产、分配、交换和消费）与横向考察的产业结构（两大部类或三次产业）视为社会生产在宏观层面的表达，那么产业链可以看作是社会生产在中观层面的表达。

产业链将社会生产领域细分为不同的具体产业领域，例如，半导体产业链、汽车产业链等，并涉及到与这些产业上下游相关的各个企业以及它们之间的供应链和资金链等关系。产业链关注的重点并不是细化到具体企业的生产和管理运作，因此它的研究层次应该归类于中观层面。

产业链包括了相应产业活动在社会生产不同阶段的产业环节，涵盖了从生产到消费的各个环节。横向上，不同的产业链对应于各自相关领域的产业部门，可以包括各类生产部门，也可以涵盖一、二、三产业的不同部门。此外，不同的产业链之间相互交织，在整个社会生产领域形成网状结构的产业体系。

产业链在社会生产中的位置是在宏观层面的生产环节和产业结构之后，处于中观层面。它帮助理解不同产业领域内部的关系以及不同产业链之间的相互作用，对于推动社会生产力发展和促进产业协同具有重要意义。

（三）创新链和产业链的关系

创新链是围绕某个主体的创新活动所形成的功能性链状结构模式，既包括创新内容形成过程中所涉及的各个环节和主体，也包括创新内容产业化、经济化过程中所涉及的环节和主体。产业链的上中下游产业在劳动分工与协作的基础之上，各方在商品、价值、供需以及信息、空间等维度彼此对接且互相影响，形成紧密关联的价值交换关系。产业链向上游拓展进入相关基础产业和技术研发环节，向下游延伸则进入市场开发营销等环节。

创新链和产业链之间存在着紧密的联系和相互依存关系，逐步形成了相互融合、共同演进的关系。创新链涉及的新思想、新技术、新发明、新产品等需要融入产业链才能实现其价值，同时也对产业链活动形成牵引，有时还会对产业链重塑、产业结构升级以及经济社会发展产生影响。产业链中的企业通过采用新的组织管理方法、新技术和新工艺等来提高自身竞争力，同时对创新链产生进一步研发需求，形成对创新链的需求拉动作用。这种相互依存、彼此融合、共同演进的关系决定了产业链需要创新链提供的科技支撑，而创新链则需要产业链的实践检验与推动。

双链的融合是双向的。一方面，创新链向产业链延伸融合，包括创新链从研发项目到创新内容的选择逐渐趋近于产业链，以及在产业应用中实现价值和反馈改进。这意味着通过创新活动对产业链施加影响，实现双链之间的深度融合。另一方面，产业链向创新链延伸融合，围绕产业链各环节对创新的需求，整合产业链上下游各环节的创新资源，推动创新链不同环节之间知识、技术和信息等要素的流动，从而推动创新链实现更符合社会需求、市场需求和产业需求的调整、发展和完善，最终实现双链之间的深度融合。

创新链和产业链之间的关系是相互依存、彼此融合、共同演进的关系。它们互相影响，创新链为产业链提供科技支撑，推动产业链的发展和升级；产业链则为创新链提供需求动力和实践检验，促进创新链的调整和完善。这种双链的融合是双向的，既有创新链向产业链的延伸融合，也有产业链向创新链的延伸融合，从而实现双链之间的深度融合。

按照创新链和产业链融合的视角，科技成果转移转化系统的核心主体是两个，创新链和产业链，这两个主体在基础研究、应用研究、工艺开发、技术产业化等创新链上的各个环节是相互关联的。另外还包括中介方和推动方两个辅助主体，各主体拥有各有侧重的行为特征，均处于相互联系与矛盾竞争的复杂关系之中。系统环境主要指的是系统中各类生产和研发要素：技术、人才、资金、信息，以及由这些要素相互作用而形成的市场环境、社会环境、法治环境、政策环境、技术环境等。这些环境的相互作用和影响进一步形成了系统规则。系统目标是通过双链融合，促进科技成果转化，实现创新链和产业链的高质量发展。

四、创新链和产业链融合对科技创新的促进

创新链和产业链的融合在推动产业发展和技术创新方面发挥着重要作用。这一理念的思想渊源和理论基础可追溯到历史上的三次工业革命，其中技术创新先行，随后产业部门相应发展，最终两者相互融合。学者们对此进

行了相关研究，比如熊彼特提出的创新是生产要素的重新组合，波特的竞争优势理论认为，企业创新机制提高了生产效率，从而带来国家的竞争优势。产业链和创新链的融合过程就是重塑生产函数、提升生产效率的过程。

产业链和创新链的双链融合指的是通过链式结构形成螺旋式推进，将产业发展与技术创新相互融合，重构生产函数，实现双链相互促进的效果。这种融合能够推动产业升级，形成双链融合效应。产业链和创新链的融合是提高产业链效能的关键，双链融合实质上是调整产业链上下游的关键环节与创新链前沿环节的相互协作与融合，直至产业结构升级与新的创新链相匹配。双链融合的过程表现为各个链条环节之间的复杂互动，具有不同的优势和不足之处。

产业链与创新链在提升科技成果转化方面有三个论证支持。第一，双链融合模式可以通过创新链推动产业链发展，通过科技成果转化实现产业链对创新链的拉动作用。第二，围绕产业链的创新链部署的关键在于在具备高质量技术成果的产业链环节上进行创新。第三，以大科学工程为例，产业的确定性可以引导组织创新链中的不确定性。学者们为验证这些观点的准确性，在特定行业开展了大量实证研究，例如刘城等（2015）对传统灯饰产业、张胜等（2015）对新兴产业进行了实证分析[1]。此外，以科技型企业为样本，袁继新等（2016）分析了智慧健康产业的产业链、创新链和资金链的融合情况[2]。同时，以某个城市为研究对象，汪明峰等（2020）以杭州为例探究了产业链和创新链融合的发展态势和规划策略[3]。这些理论和实证研究证实了产业链与创新链对提升科技成果转化效果的积极作用。

---

① 刘城，林平凡. 传统产业集群产业链和创新链融合升级的模式：来自广东中山古镇灯饰集群的经验 [J]. 南方经济，2015（5）：120-126.

② 袁继新，王小勇，林志坚，等. 产业链、创新链、资金链"三链融合"的实证研究——以浙江智慧健康产业为例 [J]. 科技管理研究，2016，36（14）：31-36.

③ 汪明峰，宁越敏，康江江，等. 城市产业链和创新链融合发展与规划策略研究——以杭州市为例 [J]. 上海城市规划，2020（6）：70-78.

第二章　科技创新的驱动力

第一节　人力资源与创新团队

一、人力资源的定义与重要性

（一）人力资源的定义

人力资源指的是组织中的员工，包括其知识、技能和经验等个人特质。它涵盖了组织所拥有的人才和劳动力，是组织运行和发展的重要资源。人力资源不仅包括雇用的员工，还包括与组织有合作关系的外部专家、顾问和合作伙伴等。其主要包括如下几个要点：

1. 员工

人力资源主要指组织中的员工，即那些为组织提供劳动力和专业能力的人员。这些员工可以在各个层级和职能中工作，为组织的运营和发展作出贡献。

2. 知识、技能和经验

人力资源不仅涉及员工的身份，还包括他们所拥有的知识、技能和经验等个人特质。这些特质是员工在工作中展现出来的能力和素质，对组织的绩效和竞争力具有重要影响。

3. 人才和劳动力

人力资源是组织所拥有的人才和劳动力的总称。人才指具备优秀能力和潜力的员工，他们在组织中发挥重要作用，并对组织的创新和成长具有推动力。劳动力则指组织中为完成工作任务而提供的劳动力资源。

4. 内部和外部人力资源

人力资源不仅包括雇用的员工，还包括与组织有合作关系的外部专家、顾问和合作伙伴等。这些外部资源能够为组织提供特定领域的专业知识和技能，帮助组织解决问题和实现目标。

（二）人力资源的重要性

人力资源是科技创新的重要驱动力。高素质的人才能够提供知识、技能、创新思维和实践经验，推动创新的发展。通过合理的人力资源管理和激励措施，可以发挥人力资源的潜力，构建具有创新能力和竞争力的团队。人力资源的重要性，如图 2-1 所示。

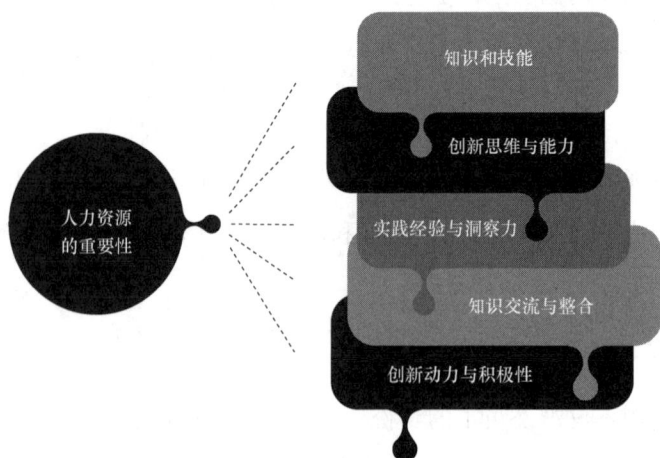

图 2-1　人力资源的重要性

1. 知识和技能

人力资源提供了创新所需的专业知识。科技创新需要掌握特定领域的知识，并将其应用于解决实际问题。高素质的人才通过系统的学习和培训，获得了丰富的专业知识。他们了解最新的科学和技术进展，掌握前沿领域的理论和实践，能够为创新提供必要的知识支持。创新过程中需要运用各种技能，例如问题分析与解决、团队合作、沟通与协调等。高素质的人才具备这些技能，能够灵活应对创新过程中的挑战。他们能够分析问题、寻找解决方案，并与团队成员紧密合作，推动创新项目的顺利进行。不同领域和行业的人才带来不同的视角和经验，促进创新思维的交叉融合。他们的经验积累和实践成果可以为创新项目提供宝贵的参考和借鉴，避免重复劳动，提高创新的效率和质量。

2. 创新思维与能力

创新思维和解决问题的能力是人力资源在科技创新中的重要贡献。创新需要跳出传统思维模式，寻找新的机会和解决方案。高素质的人才在面对问题时能够以不同的角度思考，并提出新颖的观点和见解。他们不拘泥于传统的思维模式，勇于挑战常规，通过创造性的思考发现新的机会和解决方案。

创新需要面对各种挑战和困难，需要在不确定性的环境中寻找创新的路径。具备创新思维和能力的人才能够保持灵活性和创造性，在面对挑战时不被固有思维所限制，寻找创新的解决方案，并能够推动这些方案的实施和落地。创新思维和能力还能够培养团队的创新文化和氛围，高素质的人才能够激发团队成员的创新潜能，鼓励他们尝试新的想法和方法。他们能够促进团队的开放性和包容性，营造一个鼓励创新的工作环境，从而推动整个团队的创新能力和成果。

3. 实践经验与洞察力

实践经验是人力资源在科技创新中的重要贡献之一。通过在实践中的积累和参与，人才能够更好地理解问题的本质和实际情况。他们对于技术和行业的实际操作有着丰富的经验，能够深入了解技术的应用和市场的需求。这样的经验使得他们能够更准确地把握问题的关键点和挑战，为创新提供实用的解决方法和策略。

经验丰富的人才还能够通过洞察力识别潜在的机会和挑战。他们能够从过往的经验中发现趋势和变化，并洞悉技术和市场的发展方向。这种洞察力使得他们能够提前预测市场需求和趋势，并据此调整创新策略和方向。通过利用洞察力，人力资源可以为组织提供有价值的建议和指导，帮助组织在科技创新中保持竞争优势。

实践经验和洞察力还有助于减少风险和提高创新的成功率。经验丰富的人才可以识别和评估创新过程中的潜在风险，并采取相应的措施进行管理和应对。他们能够根据实践经验和市场洞察力提供合理的决策和战略，降低项目失败的可能性，提高创新的成功率。

4. 知识交流与整合

人力资源的结构和配置对于创新团队的能力和效率具有决定性的影响。多样性是创新团队的一个关键特征，拥有不同背景和专业的人才能够带来多元的视角和思维方式。多样性促进了知识的交流与整合，为创新提供了丰富的资源和观点。不同领域和专业的人才可以互相借鉴和学习，共享知识和经验，从而激发创新的火花。

知识交流与整合有助于打破信息孤岛，促进创新团队的合作与协同。通过有效的沟通和协作，人才能够共同探讨问题，分享见解和经验，并共同解决挑战。团队成员之间的知识交流和合作促进了创新思维的碰撞和融合，激发了创新的潜力。此外，通过知识的整合和汇聚，人力资源可以协助创新团队将分散的信息和资源整合起来，形成更完整、全面的解决方案。

科学性和灵活性的人力资源管理对于组织和管理人才，促进知识交流与整合至关重要。科学性的人力资源管理包括招聘、培训、激励和评估等方面的策略和实践，可以帮助组织有效地吸引、留住和发展人才。灵活性的人力资源管理可以根据不同团队和项目的需求，合理配置和调整人力资源，促进合适的人才组合和团队协作。这样的管理方式为知识交流和整合创造了良好的环境和条件。

5. 创新动力与积极性

科技创新需要有积极的动力和参与度，而良好的人力资源管理可以激发人才的创新动力和积极性，使他们更加投入到创新的活动中。

适当的激励措施是激发人力资源创新动力的重要手段之一。通过提供有竞争力的薪酬和福利制度，人才可以感受到自己的付出和贡献被认可和回报，从而增强其创新的动力。此外，激励措施还可以包括奖励和认可制度，例如提供创新成果的奖金、荣誉和晋升机会等，以鼓励人才积极参与创新活动。

通过为人才提供继续学习和成长的机会，例如培训课程、研讨会和跨部门合作项目等，可以激发他们对知识更新和技能提升的渴望，从而提高其参与创新的积极性。此外，明确的职业发展路径和晋升机制可以让人才看到个人努力和创新成果的成长空间，进一步激发其积极参与创新的意愿和动力。

人力资源管理还可以通过提供良好的工作环境和文化，增强人才的创新动力和积极性。创新需要一种鼓励开放思维、尊重多样性和支持实验的文化氛围。人力资源管理可以营造积极的工作氛围，鼓励团队成员分享想法、提出挑战，并允许尝试新的方法和解决方案。良好的工作环境和文化可以增强人才的参与度和责任感，激发其创新的动力。

二、科技创新团队的构成与特性

（一）科技创新团队的定义

创新团队是一个由多个成员组成的团队，他们具备不同的背景、专业知识和技能。这些成员可能来自不同的学科领域、行业或专业领域。他们聚集在一起的目的是合作和协同努力，共同追求创新和推动新的想法、方法或产品的发展和实施。科技创新团队是在现代生产技术发展的背景下，以共同的科技研发目标为引导，由杰出人才和科技人员组成的紧密型创新研究组织。

（二）科技创新团队的构成要素

创新团队的构成要素是实现团队创新和卓越成果的基础。创新团队的构成要素包括多样性、协作能力、领导力、创造力以及学习和适应能力。如图 2-2 所示，这些要素相互作用，相辅相成，为团队提供了创新和成功的基础。通过拥有多样性的团队成员、积极的协作氛围、有效的领导力、创造性的思维和学习的态度，创新团队能够在竞争激烈的环境中不断迭代和创新，取得卓越的成果。

图 2-2　创新团队的构成要素

1. 多样性

多样性是创新团队的重要构成要素之一。团队成员应具有不同的背景、专业知识和技能。这包括不同学科领域、行业经验、文化背景和工作经历等方面的多样性。多样性能够为团队带来不同的观点、创意和解决问题的方式，促进创新思维和创新性解决方案的产生。通过不同经验和观点的碰撞，团队能够开辟新的思路，避免陷入固有的思维模式，并从中获得新的洞察力。

2. 协作能力

协作能力是创新团队不可或缺的构成要素。团队成员需要具备良好的沟通和协作能力，能够有效地交流、共享信息和知识，并在团队中展现合作精神。团队成员应当具备倾听他人观点的能力，并能够理解和尊重不同意见。有效的协作能力有助于团队成员之间的合作和互补，促进团队的创新能力和问题解决能力。

3. 领导力

创新团队需要有一位具备领导力的成员，能够在团队中发挥领导作用。领导者应具备激励团队成员、促进合作和协调决策的能力。他们应该能够建立积极的团队文化，鼓励创新思维和创造性的工作方法，并提供支持和资源以推动团队的发展和创新成果。

4. 创造力

创新团队的成员应具备创造力和解决问题的能力。创造力是产生新想法、提出新方案和实现创新的关键能力。团队成员应具备开放的思维方式，勇于挑战现有的假设和传统观念，以寻找新的解决方案。他们应当有勇气尝试新的想法，并能够将这些想法转化为创新的成果。

5. 学习和适应能力

创新团队应具备学习和适应新知识、技术和市场变化的能力。团队成员应保持持续学习的态度，关注行业发展和最新趋势，及时获取新的知识和技能，并将其应用到团队的工作中。团队应具备灵活适应环境变化的能力，及时调整策略和方法，以保持竞争力和持续创新。

（三）科技创新团队的特性

科技创新团队的特性包括稳定的研究领域和方向、相关性和互补性、扁平式的组织结构、和谐的学术氛围、完善的运作机制以及良好的社会信誉。

如图 2-3 所示。

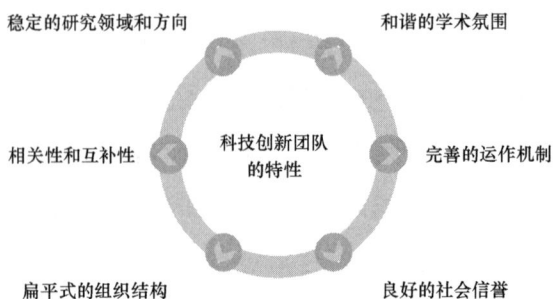

图 2-3　科技创新团队的特性

这些特性使得团队能够充分利用成员的专业知识和创造力，迅速响应市场变化，不断推动创新，并在特定领域内取得显著的成果。通过合作与协调，科技创新团队能够实现集体智慧的发挥，为科技和社会的发展做出积极贡献。

1. 稳定的研究领域和方向

科技创新团队在特定的研究领域和方向上具有稳定性。这些领域和方向是团队成员经过多年的科研工作努力形成的，并具有显著的优势。团队可以由学科带头人和学术技术骨干领导，围绕重大发展趋势结合原有优势开拓新的研究方向。虽然研究方向和目标可以根据科技和社会的发展进行适当调整，但核心的研究方向必须保持相对稳定，至少呈现阶段性的稳定性。

2. 相关性和互补性

科技创新团队的绩效很大程度上取决于团队成员的智力整合和知识共享程度。团队成员之间有相关性和互补性。充分的智力整合使得团队成员能够配合默契，相互激励，使创造力得到超常发挥。充分的知识共享使得团队成员能够及时交流各自的显性知识和隐性知识，将个人知识与集体智慧有机地结合起来。团队成员的知识、能力、活力以及思维方式、性格特征、工作风格、研究经验能够做到优势互补。

3. 扁平式的组织结构

科技创新团队通常采用扁平式的组织结构。扁平式组织结构强调以工作流程为中心，突出目标管理。其特点包括减少管理层级、特殊的下级职能会被越级关注、横向阶层较多等。科技创新团队在学科带头人的带领下，以工作流程为中心构建组织结构，信息传递速度快，信息失真可能性小，能够有效避免市场需求与科技创新活动的脱节。

4. 和谐的学术氛围

科技创新团队注重学术自由、平等、开放，具有和谐的学术氛围。团队成员之间相互尊重、相互信任、相互理解、相互学习，能够充分发挥每个成员的积极性和创造性，促进科技创新活动持续不断。学术自由和开放的氛围有助于团队成员自由思考、探索和交流新的想法和观点。

5. 完善的运作机制

科技创新团队通常具有完善的管理制度和有效的激励机制。团队领导者具备良好的战略眼光和协调能力，能够准确把握学科发展方向和发展目标，调动团队成员的积极性，并协调成员之间的合作关系，使整个团队和谐有序地运作。团队成员能够从事自己感兴趣的工作，并能在工作中充分展现个人才能，将个人目标融入团队目标。

6. 良好的社会信誉

科技创新团队由于目标明确、组织协调能力强，能够胜任复杂的科技研发任务，并持续产生创新成果，尤其是重大科技成果。因此，科技创新团队在所研究领域内具有较高的知名度，并享有良好的口碑和信誉。他们的成果对于学术界和社会有着积极的影响，得到广泛的认可和赞誉。

（四）科技创新团队的类别

科技创新团队可以根据其组织管理方式和任务功能的不同，分为以下几个类别：

领军人才型团队：由享有较高声誉的专家学者牵头，以集中管理下的课题负责制或项目负责制来进行科研工作。这种团队具有稳定的研究方向、持久的研究积累和强大的综合研究能力。

项目管理型团队：根据市场需求导向，针对特定的产品、技术、工艺项目，在企业的项目管理制度和研发平台的支撑下，分工协作、目标管理，组织人员进行研发攻关。

学科方向型团队：在高校和科研院所中常见的组织方式。学科团队既从事科研，也从事教学。以学科建设为中心，致力于探索学科前沿，形成稳定的专业学术梯队，并产生技术含量较高的研究性科技成果。

此外，根据团队承担的任务和功能，科技创新团队还可以分为问题解决型团队、项目开发型团队、项目保障型团队、学术研究型团队和人才培养型团队等不同类型。根据组织管理形式的不同，团队可以划分为职能式团队、跨职能式团队、自我管理式团队和虚拟式团队等。

这些不同类别的科技创新团队在不同领域和环境中发挥着重要的作用，促进着科技创新的进展和应用。

三、人力资源对创新的影响

人力资源在人才选拔、培训发展、文化氛围、团队管理、技术资源支持和知识管理等方面对科技创新起到关键性的影响作用。通过有效的人力资源管理，组织能够培养和激发员工的科技创新能力，提升科技创新团队的整体素质，推动科技创新活动的成功实施和成果转化。其具体影响表现在如下几个方面，如图 2-4 所示。

（一）人才选拔与引进

人力资源部门在科技创新中起到了人才筛选和引进的关键作用。为了确保科技创新团队的有效运作和发展，人力资源部门需要通过科学的选拔程序

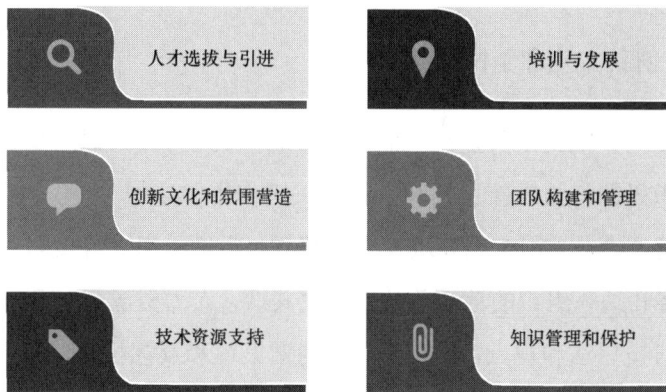

图 2-4　人力资源对创新的影响

和准则来招聘和选拔具有科技创新能力和潜力的人才。这包括综合评估候选人的专业知识、技能和创新思维等方面，以确保他们能够为科技创新团队注入高质量的人力资源。通过面试、技术评估、案例分析和参考调查等手段，人力资源部门可以全面评估候选人的适应性和潜力。与科技创新领域有关的行业协会、学术机构和专业网络也可以作为人才引进的重要渠道，通过与这些机构建立合作关系，人力资源部门可以更好地发掘和吸引优秀的科技创新人才。

（二）培训与发展

培训和发展是提升员工科技创新能力和专业水平的重要手段。人力资源部门可以制定针对性的培训计划和发展方案，根据不同岗位和职能的需求，为员工提供相应的培训课程和学习机会。这些培训包括科技知识的更新、创新思维的培养、解决问题的能力提升等。人力资源部门可以通过内部培训、外部培训、研讨会、学术交流和导师制度等方式，为员工提供多样化的学习和成长机会，激发他们的创新潜能和能力。人力资源部门还可以鼓励员工参与科技创新项目和跨部门合作，通过实际工作中的经验积累和实践探索，进一步提升员工的科技创新能力。

（三）创新文化和氛围营造

创新文化和氛围是科技创新的重要推动力。人力资源部门在组织中可以起到营造积极的科技创新文化和氛围的关键作用。首先，人力资源部门可以与高层管理层合作，制定创新政策和价值观，明确组织对科技创新的重视和支持，并将其纳入组织的核心价值观中。其次，人力资源部门可以鼓励员工提出新的科技想法和观点，建立开放的沟通渠道和反馈机制，为员工提供展示和分享他们的创新成果的机会。最后，人力资源部门还可以倡导团队合作和知识共享，通过团队建设活动、创新比赛和专业论坛等方式，促进员工之间的合作与创新。

（四）团队构建和管理

团队构建和管理对于科技创新团队的成功至关重要。人力资源部门在这方面发挥着重要作用。人力资源部门需要根据项目需求和团队特点，合理配置团队成员。这包括根据员工的专业背景、技能和经验，将其分配到适当的科技创新项目和团队中。人力资源部门可以帮助建立协作机制和沟通渠道，促进团队成员之间的合作与创新。通过定期的团队会议、项目评估和经验分享，人力资源部门可以帮助团队成员建立良好的合作关系和沟通机制，提高团队的创新能力和绩效。

（五）技术资源支持

技术资源是科技创新团队的重要支撑。人力资源部门负责提供必要的技术资源支持，确保科技创新团队的研究工作有必要的条件和基础设施。这包括提供先进的科技设备、实验室和研发平台等。人力资源部门可以与相关部门合作，制订技术资源采购计划和更新方案，确保科技创新团队能够及时获得最新的技术工具和设备，提高其科技研发能力和创新水平。

（六）知识管理和保护

知识管理和保护对于科技创新具有重要意义。人力资源部门负责确保科技创新团队的知识产权得到有效的保护和管理，同时鼓励知识共享和创新成果的转化应用。人力资源部门可以建立知识管理系统和流程，包括知识产权的申请和保护、知识库的建立和维护、知识分享和交流平台的搭建等。人力资源部门可以与法律部门合作，制定相关的知识产权保护政策和合同条款，确保科技创新团队的知识产权不受侵犯，并通过合理的激励机制，鼓励员工将其创新成果转化为商业应用或其他有益的成果。

四、创新团队的激励与培育

（一）创新团队的激励机制

科技创新激励机制是促进科技创新的重要手段，通过一系列政策和措施来激励和支持科技人员进行创新研究。这些机制对于推动科技创新的效率、质量以及科技成果的转化和应用都起着重要的作用。

1. 资金支持

政府可以设立专门的基金或专项资金，用于支持科技创新项目的研究和开发。这些资金可以用于科研设备的购置、人员培训、实验室建设等方面，为科技人员提供必要的经费支持。资金支持可以降低科技创新的经济风险，激发科技人员的创新热情和积极性，使他们更加专注于科研工作，提高科技创新的效率和质量。

2. 知识产权保护

政府可以完善知识产权相关的法律法规，加强对科技创新成果的保护。这包括专利、商标、版权等知识产权的注册和保护，以确保科技人员的创新成果得到合法的保护和使用。加强知识产权的执法力度，打击知识产权侵权和盗用行为,保护科技人员的合法权益。这样可以增强科技人员的创新动力,使他们更有信心和安全感从事科技创新研究。

3. 税收优惠政策

政府可以给予从事科技创新的企业一定的税收减免政策,降低企业的税负。这可以鼓励企业加大对科技创新的投入,提高其创新能力和竞争力。对从事科技创新工作的个人提供个人所得税的减免政策,以激励个人从事科技创新研究。这样可以吸引更多的人才从事科技创新工作,促进创新的人才流动和交流。

4. 奖励机制

政府可以设立各类科技创新奖励,对取得重大科技成果的个人和团队进行表彰和奖励。奖励可以包括荣誉称号、奖金、科研项目支持等形式,以激励科技人员进行更多的创新研究和探索。除了对个人的奖励,政府还可以设立奖励机制来鼓励创新型企业。这可以包括给予资金支持、市场准入优惠、专利快速审批等措施,以激励企业不断推动科技创新。

5. 人才引进

政府可以采取各种政策和措施,如签证便利、项目资助、研究基地建设等,吸引海外高层次人才来国内从事科技创新工作。这样可以引入先进的科技理念和技术,促进科技创新的国际交流和合作。通过设立青年科技人才计划、提供创新创业平台等,政府可以吸引和培养优秀的青年科技人才。这些青年人才具有较强的创新能力和潜力,可以为科技创新注入新的活力和动力。

6. 政策支持

政府可以制定一系列科技创新政策,明确支持科技创新的方向和目标。这些政策可以包括项目申报和评审流程、研发经费的分配和管理、科技成果转化的扶持等,为科技创新提供政策保障和指导。政府可以设立科技创新咨询机构或平台，为科技人员提供政策咨询和服务。这样可以帮助科技人员更好地了解和运用相关政策，提高科技创新的成功率和效益。

（二）创新团队的培育措施

科技创新团队的培育是推进科技创新的重要环节。政府在推进科技创新团队培育方面发挥着重要的作用。政府的支持和引导为团队提供了资源和机会，激发了他们的创新潜能，推动了科技创新的发展和应用。这样的措施有助于建立强大的科技创新团队，推动科技创新在国家发展中发挥更加重要的作用。

1. 建立跨学科团队

科技创新往往需要不同领域的知识和技术的交叉融合。政府可以促进跨学科合作，鼓励不同学科背景的人才组成团队，共同解决复杂的科技问题。通过设立跨学科研究中心和开展合作项目，政府提供了平台和机会，使不同领域的专家和研究人员能够相互交流、合作，促进了知识的交叉传播和创新的发生。

2. 提供资金支持

政府设立科技创新基金或专项资金，为科技创新团队提供资金支持。这些资金可以用于研究项目的开展、人员培训、设备购置等方面。通过提供稳定的资金来源，政府帮助团队顺利进行科研工作，减轻了团队在资金方面的压力，使其能够专注于科技创新活动。

3. 搭建创新平台和实验室

政府投资建设科技创新平台和实验室，为科技创新团队提供良好的研发环境和设施支持。这些平台和实验室配备了先进的设备和技术支持，为团队开展科研工作提供了必要的条件。团队可以利用这些平台和实验室进行实验、测试和原型开发，加速科技成果的转化和应用。

4. 强化人才培养和团队管理

政府加大对科技创新人才的培养力度，提供更多的培训机会和发展空间。通过举办培训班、研讨会和学术交流活动，政府帮助科技创新团队成员不断提升自身的科研能力和专业水平。同时，政府还可以建立科技创新人才评价和激励机制，鼓励团队成员积极参与科技创新活动，并提供有竞争力的薪酬和职业发展机会。

5. 提供政策支持

政府制定一系列政策，为科技创新团队提供支持和保障。这包括简化项目申报和评审流程，加强知识产权保护，提供成果转化的扶持政策等。政府的政策支持降低了团队创新的风险和成本，鼓励团队进行更多的科技创新，并保护其创新成果的合法权益。

6. 加强国际合作

科技创新团队可以通过与国际合作伙伴的交流和合作，分享先进的科技资源和技术经验。政府可以促进国际科技合作，支持团队与国际科研机构、企业进行合作研究和技术转移。这种合作有助于团队获取国际先进技术和创新思路，提升团队的国际影响力和竞争力，推动科技创新在全球范围内的发展。

第二节　政策环境与制度保障

一、政策环境对创新的影响

政策环境对创新的影响是多方面而复杂的，它直接影响创新的动力、方向、资源配置以及创新者的行为。

政策环境在创新投入方面发挥着重要作用。创新活动通常需要大量的研发投入和资金支持。政府可以通过制定相关政策，提供财政资金用于支持科技研发和创新项目。这些资金可以用于科研机构的基础设施建设、科技人才培养、科研项目的经费支持等方面，为创新者提供必要的资金支持。此外，政府还可以通过税收优惠政策、科技补贴等方式鼓励企业增加研发投入，激励创新活动的开展。

政策环境对知识产权保护的重视也对创新产生积极影响。知识产权保护是鼓励创新的重要手段之一。创新活动往往伴随着知识产权的产生，保护知识产权可以激励创新者的投入和创新成果的转化。政府应加强知识产权法律法规的制定和执行，提高知识产权保护的力度。这包括建立健全的知识产权法律体系，加强知识产权保护的执法力度，打击侵权行为，为创新者提供良好的创新环境和保护机制。同时，政府还可以鼓励知识产权的合理运用和交易，促进知识产权的价值实现。

政策环境还应提供市场机会和需求支持，促进创新成果的应用和商业化。创新活动的最终目标是将创新成果转化为实际的产品或服务，实现经济效益和社会价值。政府可以制定相关政策，鼓励和引导创新成果的市场化转化。例如，设立技术转移机构、科技成果交易市场等，提供科技成果的展示和交流平台，促进科技成果与市场需求的对接。政府还可以推动创新成果在政府采购、国家重大工程等方面的应用，为创新者提供市场机会和需求支持，促进创新成果的落地和推广。

然而，政策环境对创新的影响并非一成不变，它需要不断地进行调整和优化。政府和相关部门应密切关注创新的发展趋势和需求变化，及时修订和完善相关政策。同时，政策设计和实施还需要综合考虑创新的需求和国家的发展战略。政府可以制订各类支持创新的政策和计划，如科技研发资金的投入、科技创新项目的评估和支持、高新技术企业的孵化和扶持等。政策的设计应注重鼓励和引导创新，同时兼顾风险和效益的平衡。

在政策设计和实施过程中，还应当注重协同和协调。创新涉及多个部门和领域的合作与协同，需要各方共同努力和配合。政府应建立健全的创新政策协调机制，加强各相关部门之间的沟通和合作，形成统一的政策合力。此外，政府还可以借鉴国际经验和成功案例，学习其他国家和地区在创新政策方面的做法，加强国际合作与交流，推动创新政策的不断创新和完善。

二、制度保障的重要性

制度保障在科技创新中十分重要。它为创新提供了稳定和可预期的环境，保护创新者的权益，促进创新资源的流动和转化。

（一）制度保障提供稳定和可预期的环境

制度保障在科技创新中提供稳定和可预期的环境，从而为创新者提供了重要的支持和保障。稳定的环境使得创新者能够更加自信地投入资源和努力，而不必担心投入的风险或环境的不确定性。创新是一项风险较高的活动，需要长期的投入和持续的努力才能取得成功。如果环境不稳定，例如法律和政策频繁变动，或者存在较大的不确定性和风险，创新者可能会受到波动性和不确定性的影响，导致投入和创新动力的减弱。

可预期的环境为创新者提供了更好的规划和决策依据。创新活动需要长期的规划和战略，以应对不断变化的市场需求和竞争环境。制度保障通过建立法律和政策框架，使得创新者能够预期并依据这些规定来调整创新方向、资源配置和市场营销策略。创新者可以根据政策和法律的指导，制定长远的创新计划，并做出合理的投资和决策。这种可预期性有助于降低创新活动的风险，并提高创新活动的效率和成功率。

稳定和可预期的环境也对投资者和合作伙伴具有吸引力。创新活动通常需要融资和合作支持，而投资者和合作伙伴更倾向于在稳定和可预期的环境中进行投资和合作。制度保障为投资者和合作伙伴提供了法律和政策保障，降低了他们参与创新活动的风险和不确定性。这使得创新者能够更容易获得融资和合作机会，进一步推动创新活动的开展。

（二）制度保障保护创新者的权益

知识产权保护是制度保障中的核心内容之一。创新者在进行科技创新时产生了新的技术、产品或服务，这些创新成果通常以知识产权的形式呈现，如专利、商标、版权等。知识产权的保护对于创新者来说至关重要，它使创新者能够获得对其创新成果的独占权利。通过获得知识产权的保护，创新者可以防止他人未经授权使用、复制或盗用其创新成果，从而确保自身在市场竞争中的优势地位和经济回报。知识产权保护不仅鼓励创新者进行创新研究和投入，还为他们提供了持续创新的动力和经济利益。

创新活动通常涉及多方合作和交易，包括创新研发合作、技术转让、市场推广等。《中华人民共和国民法典》中关于合同规范的制定和执行确保各方在合作关系中享有合法权益。通过明确规定合同的权利和义务，规范确保各方在合作过程中公平交易、风险分享和利益分配。合同的有效执行和强制执行机制保障了创新者在合作关系中的合法权益，防止潜在的合同纠纷和不公平待遇。这种规范的保护增加了创新者与合作伙伴之间的信任和合作意愿，为创新活动提供了更加稳定和可靠的合作基础。

市场监管机构通过监测和打击不正当竞争行为，维护市场竞争的公平性和秩序。创新者在市场竞争中面临着各种挑战和竞争，而市场监管机构的职责是保护创新者的市场地位和竞争优势。市场监管机构打击侵权行为、反垄断行为和其他不正当竞争行为，确保市场的公正性和健康发展。这种市场监管的保护为创新者提供了公平的竞争环境，防止不正当竞争对创新者的影响，并促进市场中的创新活动和创新资源的合理配置。

（三）制度保障促进创新资源的流动和转化

知识产权保护使创新者能够更自由地选择创新资源的合作伙伴和方式。知识产权的保护确保创新者对其创新成果的拥有权，使其能够更好地控制和管理创新资源。创新者可以根据自身的需要和战略，选择合适的合作伙伴进行技术转让、合作研发或市场推广等活动。知识产权的保护还鼓励创新者进行创新资源的共享和交流，通过授权或许可等方式，将创新成果引入到其他组织或产业链中，进而促进创新资源的流动和转化。

《中华人民共和国民法典》中关于合同的法规和市场监管提供了交易的诚信和公正环境，促进创新资源的交流和共享。规范确保创新者与其他参与者之间的合作关系得到公平、公正和合法的处理。在创新活动中，各方之间常常需要进行技术转让、合作研发或市场推广等交易。有关合同的规范制定和执行确保这些交易的合法性和公平性，为各方提供了交易的安全和信心。市场监管机构的职责是维护市场竞争的公平性和秩序。通过监测和打击不正当竞争行为，市场监管机构防止了潜在的不公平交易和不正当竞争对创新资源流动的阻碍。这种规范和市场监管的保护为创新者提供了一个稳定和可靠的交易环境，进而促进创新资源的流动和转化。

三、科技政策的设计与实施

科技政策的设计和实施是一个复杂的过程，涉及到政府、科技研究机构、企业和社会公众等各方的深度参与。从中央到地方，从宏观到微观，都需要精心策划和执行。

政策设计阶段，政府首先需要研究当前科技发展的实际情况，明确科技创新的主要问题和矛盾，确定科技政策的主要目标和战略方向。同时，政府也需要分析国内外科技发展的趋势和动态，借鉴和学习其他国家和地区的先进经验和做法。

在科技政策的设计过程中，人才政策与投入政策的并重非常关键。人才是科技创新的主要动力，优秀的科技人才是推动科技进步和社会发展的重要支撑。政府应该制定一系列政策，旨在吸引和培养科技人才，如优惠的税收政策，激励企业投入更多的资源进行研发活动，同时也要提供更多的科技创新人才培养机会。

政策的实施阶段，政府需要构建有效的政策执行机制，确保科技政策得到有效落实。政府部门之间需要加强协调和沟通，形成一种政策合力。比如，在科技财政支持方面，政府需要制定一系列政策和措施，提供科技创新活动所需的充足资金，同时也要保证资金的合理使用，提高科技财政拨款的利用率。政府也需要强化税收优惠和金融扶持的激励作用，激发科技创新的内在动力。通过税收优惠政策，可以鼓励企业更积极地投入到科技创新中；通过金融扶持政策，可以为科技创新提供必要的资金支持。

政策实施的过程中，政府也需要不断进行政策效果的评估和反馈，及时修正和调整政策，确保科技政策的实施效果达到预期目标。此外，政府还需要加强与社会公众的沟通和互动，积极响应社会关切，提高科技政策的公众接受度和影响力。

四、制度环境的优化

科技创新的制度环境是影响一个国家或地区科技创新活动的重要因素，包括政策环境、法律环境、经济环境、社会环境和创新环境。优化科技创新的制度环境，能够有效提高科技创新效率，推动科技创新成果转化，促进社会经济健康发展。

（一）政策环境

科技创新是促进社会进步和经济增长的重要驱动力。通过制定有利于科技创新的政策，可以鼓励企业和个人增加研发投入、加强技术创新，并提供必要的支持和保障。财政支持政策可以提供资金和资源，帮助科技企业和创新团队进行研发活动。税收优惠政策可以减轻企业的税收负担，激励其增加研发投入。人才政策可以吸引和培养高素质的科技人才，为科技创新提供人力资源保障。通过建立全面的科技政策体系，可以形成政策的整体合力，推动科技创新活动的全面发展。

政策执行的有效性决定了政策能否真正发挥作用。为了确保科技政策的有效实施，需要建立科技政策执行的机制和流程。这包括明确责任主体和部门，确保政策执行的协调性和连续性。同时，还需要建立监测和评估机制，及时了解政策实施情况，并对政策效果进行评估。通过建立科技政策执行的有效机制，可以及时发现问题和不足，并采取相应措施进行调整和改进，以确保政策的顺利实施和科技创新活动的持续推进。

（二）法律环境

完善科技创新相关法律法规可以为科技创新活动提供稳定的法律保障。科技创新涉及技术研发、商业化转化、市场竞争等多个环节，其中的法律问题和风险需要得到明确的法律规范和保护。通过制定科技创新相关的法律法规，可以明确创新活动的合法性、权益和责任，为科技创新提供稳定和可预测的法律环境。这有助于鼓励企业和个人增加研发投入、开展创新活动，并促进科技成果的转化和应用。

（三）经济环境

经济环境包括市场机制、投资环境、金融支持等方面。通过优化经济环境，可以吸引更多的投资和资源流入科技创新领域，为创新者提供更多的机会和支持。科技创新需要资金的支持，而有利的经济环境可以鼓励金融机构提供更多的金融支持，包括风险投资、科技创新基金等，帮助科技企业和创新团队获得必要的资金和资源。这有助于推动科技创新成果在市场中得到应用和推广，促进科技创新的产业化和商业化。

鼓励和引导金融机构向科技创新领域提供更多的金融支持是推动科技创新的关键举措之一。金融机构在经济发展中具有重要的作用，通过提供资金、信贷和其他金融服务，支持企业和个人进行创新和发展。针对科技创新领域，可以制定相关的金融政策和措施，鼓励金融机构增加对科技创新的投资和贷款额度，并提供更加灵活和适应科技创新特点的金融产品和服务。这有助于减轻科技创新活动中的资金压力，促进科技创新成果的推广和市场化，推动科技创新的良性循环。

（四）社会环境

社会环境是指社会文化、价值观念和舆论氛围等方面。通过鼓励科技创新的社会氛围，可以树立科技创新的重要性和价值，激发社会各界对科技创新的关注和支持。这有助于形成全社会对科技创新的共识和共同努力，为科技创新提供广泛的社会支持和资源。同时，鼓励科技创新的社会氛围也能够激发创新者的创造力和激情，推动科技创新活动的蓬勃发展。从教育体系中的各个层面入手，包括学校教育、职业培训和终身学习等。通过加强科技创新教育，可以提高公众的科技素养和创新意识，增强他们对科技创新的理解和认同。科技创新教育应注重培养创新思维、科学方法和实践能力，鼓励学生和公众参与到科技创新活动中来，培养未来的科技创新人才。

（五）创新环境

提升研发机构、大学和企业的创新能力对于推动科技创新活动至关重要。这些机构和组织在科技创新中扮演着关键角色，通过开展研究和开发活动，探索新的科学知识和技术应用，推动技术进步和创新成果的产生。通过提升这些机构和组织的创新能力，可以为科技创新提供更多的可能性和机遇。这包括提供必要的基础设施和研发资源，为科研人员和创新团队提供良好的工作条件和研究环境。同时，也需要培养高质量的科技人才，包括研究人员、工程师和创业者。

开展国际科技合作是提升创新环境的重要途径之一。科技创新不再局限于国内范围，而是面向全球的。通过与其他国家和地区的研发机构、大学和企业开展合作，可以共享科技资源、经验和知识，促进科技创新的跨界合作和交流。国际科技合作可以促进科研成果的共享和转化，拓宽创新活动的视野和机遇。同时，还可以吸引外国优秀科技人才和投资者，加快科技成果的引进和推广，促进科技创新的国际化发展。

第三节 资金投入与技术支持

一、资金投入的影响与管理

（一）资金投入对科技创新的影响

科技创新是一种复杂且成本高昂的活动，它涉及从基础研究、应用研究到产品开发等各个环节。在这个过程中，资金投入是推动科技创新的关键因素之一。

对于实验设备的采购，资金的大量投入有助于获取最先进的设备和工具，以进行高质量的科研工作。这些设备和工具能够提高实验的精度和效率，从而加速创新的步伐。此外，对于研发团队的维持，资金支持也起到至关重要的作用。足够的薪酬和福利能够吸引和留住顶尖的研发人员，激励他们进行长期的科研工作。

资金对于技术产品的生产和市场推广也具有关键性的影响。研发活动的结果需要通过产品形式转化出来，这个过程通常需要大量的资金投入。这包括生产设备的购买、原材料的采购、产品测试等。同时，市场推广活动如广告、营销等也需要资金的支持，以增加产品的知名度和市场份额。

然而，不充足的资金投入可能会导致研发过程的中断。当资金短缺时，可能会导致实验设备无法更新，研发人员的工资无法支付，产品生产和市场推广的活动无法进行，最终影响创新成果的产生和推广。

（二）科技创新的资金管理

涉及科技创新时，资金管理的重要性不容忽视。良好的资金管理策略包括制定合理的预算、优化资源分配和寻找多元化的资金来源。

预算制定是资金管理的第一步。在科技创新过程中，预算制定需要综合考虑各个环节的资金需求。这包括基础研究、应用研究、产品开发等各个环节的研发活动。制定合理的预算意味着对每个环节的资金需求进行充分的评估和估计，并根据项目的优先级和时间安排进行分配。合理的预算制定可以确保研发活动的顺利进行，避免因资金问题而导致的研发中断。

优化资源分配是另一个关键的资金管理策略。在资金有限的情况下，企业需要根据各个环节的重要性和紧急性，以及资金的紧缺程度，决定将有限的资金投入到哪些环节。优化资源分配意味着将资金重点投入到对科技创新最具价值和关键的环节，以实现最大的效益。这需要对项目进行全面评估和优先排序，合理安排资源的分配，确保资金的高效利用，推动更多的创新成果产生。

科技创新需要大量的资金支持，而企业依赖单一的资金来源可能会面临风险。因此，寻找多元化的资金来源可以减轻企业的财务压力，保证科技创新的稳定进行。多元化的资金来源可以包括企业自有的资金、政府的科技项目资助、银行贷款、风险投资等。通过建立良好的合作关系和渠道，企业可以获得来自不同方面的资金支持，降低财务风险，确保科技创新的持续推进。

二、技术支持的重要性与形式

（一）技术支持的重要性

在科技创新过程中，技术支持起着至关重要的作用。技术支持包括技术人才、技术设备、技术知识和技术服务等多个方面，它们共同构成了科技创新的主要支撑部分。

技术人才是科技创新的生命力。优秀的技术人才具备丰富的专业知识和技能，能够运用科学原理和创新思维解决科研问题。他们能够独立开展实验研究、开发新技术或产品，并推动科技创新的进展。技术人才的培养和引进对于企业的科技创新至关重要，他们不仅可以带来新的想法和视角，还能为企业带来技术上的突破和创新。

技术设备是科技创新的基础。先进的技术设备可以提供高质量的数据和实验结果，加速科研过程并提高科研效率。它们能够支持各种实验、测试和生产活动，为创新成果的产生创造必要的条件。不断引进和更新技术设备，保持设备的先进性和可靠性，对于企业的科技创新具有重要意义。

技术知识和技术服务也是科技创新的重要资源。技术知识包括了科学原理、技术规则、实验方法等内容，它们是进行科研活动的指导和参考。具备全面、深入的技术知识可以帮助科研人员更好地理解和解决问题，为创新提供坚实的基础。技术服务则包括咨询服务、培训服务、技术转移等，它们为企业提供了专业的支持和协助，能够提升企业的科技能力，解决科技问题，促进科技创新的发展。

（二）技术支持的主要形式

技术支持是推动科技创新的重要手段，可以通过多种形式提供，包括内部研发、外部合作和技术引进。这些形式在不同的情境下具有各自的优势和适用性。

第一，内部研发是企业自主进行科技创新的一种方式。它依赖于企业内部的技术人才、技术设备和技术知识等资源。通过内部研发，企业可以根据自身的需求和特点，进行定制化的科技创新，生成独有的技术和产品。内部研发通常包括研究项目的规划和组织、实验室设施的建设和管理、人才队伍的培养和管理等方面。企业需要建立良好的研发机制和管理体系，鼓励创新思维和团队合作，为内部研发提供有力支持。

第二，外部合作是企业与其他组织共同进行科技创新的一种方式。通过与科研机构、大学、其他企业等合作，企业可以获取合作方的技术资源，共享科研风险和成果，提高科技创新的效率。外部合作可以采用多种形式，如合作研究项目、联合研发、共享实验设备和设施、共建联合实验室等。通过外部合作，企业可以汇聚各方的专业知识和经验，拓宽创新思路，加快科技成果的转化和推广。这种方式通常涉及多方的合作协议和条款，需要企业具备良好的合作能力和谈判技巧。

第三，技术引进是企业从外部获取技术的一种方式。技术引进可以通过购买技术、获得技术许可、委托开发技术等方式实现。通过技术引进，企业可以获得先进的技术，快速提升自身的科技水平，短期内实现科技创新。技术引进通常需要与技术提供方进行良好的合作和沟通，确保技术的顺利引进和适应企业的实际需求。企业还需要具备技术评估和风险管理的能力，以确保引进的技术与企业的发展目标和战略相符。

在实际应用中，技术支持往往采取多种形式的组合。企业可以通过内部研发不断积累技术能力，同时与外部合作伙伴开展合作项目，共享资源和经验，加快创新进程。在需要快速引进先进技术的情况下，技术引进可以提供一个快捷的途径。不同形式的技术支持在不同的阶段和领域都能够发挥重要的作用，企业需要根据自身的需求和资源状况，选择合适的技术支持方式，并建立良好的合作关系，以推动科技创新的发展。

三、融资策略与投资决策

（一）融资策略的影响与选择

在科技创新中，融资策略是推动创新项目成功的重要因素。合适的融资策略能为企业提供足够的资金，用以支持研发活动、推动产品开发和市场推广等。选择适当的融资策略涉及多个方面，如融资方式、融资渠道和融资成本等，如图 2-5 所示。

1. 融资方式

融资方式指的是企业融资所采用的具体形式，包括但不限于债务融资、股权融资、风险投资、天使投资等。不同的融资方式适用于不同的企业发展阶段和资金需求。初创科技企业通常处于技术开发阶段，对资金需求较大但

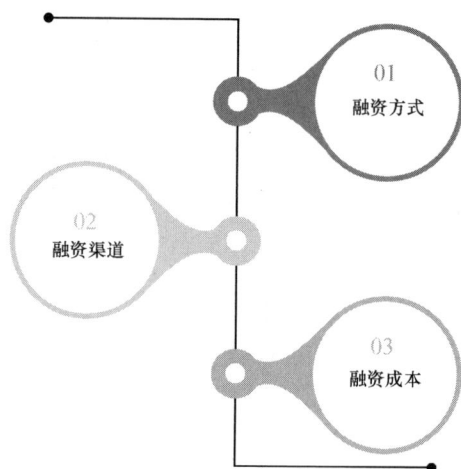

图 2-5　科技创新融资策略的具体选择

现金流较小，因此可能更适合选择风险投资或天使投资等股权融资方式，以吸引风险投资者和天使投资者的资金支持。而对于成熟的科技企业来说，他们通常有稳定的现金流和良好的信誉，可以更多地依靠债务融资或股权融资等方式获得资金支持。

2. 融资渠道

融资渠道指的是企业获得资金的来源渠道，包括银行贷款、股票市场、私募股权融资、风险投资机构等。企业的地位、影响力、网络等因素会影响融资渠道的选择。具有良好口碑和影响力的企业可能更容易通过公开市场或私募市场获得融资，因为他们具备更强的吸引力和信任度。而对于小型和初创企业来说，由于知名度和信誉较低，可能更多地依赖天使投资人、风险投资机构或创业孵化器等渠道获得融资支持。

3. 融资成本

融资成本包括利率、股权让与比例、融资费用等，对企业的经济负担和利润率有直接影响。不同的融资方式和渠道都会涉及不同的融资成本。企业需要综合考虑融资成本与资金需求之间的平衡，选择最合适的融资策略。有时候，虽然某些融资方式可能提供的资金较多，但相应的融资成本可能也较高，企业需要权衡利弊，选择对企业发展最有利的融资方式。

融资策略在科技创新中起着重要的作用。选择适当的融资方式、融资渠道和融资成本，可以为企业提供所需的资金支持，推动创新项目的成功。企业在制定融资策略时需要综合考虑自身的发展阶段、资金需求、风险承受能力以及市场状况等因素，并与专业机构和投资者进行充分的沟通和协商，以确保选择的融资策略能够最大化地支持创新项目的实施和发展。

（二）投资决策的影响和方法

投资决策是企业进行科技创新的关键环节之一。合理的投资决策能够确保企业在有限的资源下，最大限度地推动科技创新的发展。在进行投资决策时，企业需要考虑多个因素，并采用适当的方法进行评估和决策。

投资决策受到多个因素的影响。其中，项目的技术水平是一个重要因素。高技术水平的项目通常具有技术优势和创新潜力，能够为企业带来差异化竞争优势。此外，市场前景也是影响投资决策的关键因素之一。企业需要评估市场的规模、增长潜力、竞争态势以及对产品或服务的需求情况，以确定投资项目的市场可行性。同时，回报率和风险也是影响投资决策的重要考虑因素。企业需要综合考虑项目的预期回报和风险程度，以确保投资项目能够实现可持续的经济效益。

投资决策需要采用适当的方法进行评估和决策。常用的方法包括财务分析法、风险分析法和多指标决策法。财务分析法主要通过对项目的财务报表、财务指标进行分析，来评估项目的盈利能力和财务风险。这包括对项目的成本结构、现金流量、收入预测等方面进行定量分析，以确定项目的财务可行性和回报水平。通过财务分析，企业可以评估投资项目的经济效益，并与其他投资项目进行比较，为决策提供依据。

风险分析法主要通过对项目的不确定因素进行分析，来评估项目的风险等级和应对策略。这包括对技术、市场、政策、竞争等方面的风险进行定性和定量评估，以确定项目的风险程度和可行性。通过风险分析，企业可以识别和评估潜在的风险，制定相应的风险管理策略，从而降低投资风险和提高项目成功的概率。

多指标决策法则综合考虑了项目的多个影响因素，如技术、市场、环境等，以达到更全面、更准确的决策结果。多指标决策法常用的方法包括层次分析法、TOPSIS 法、模糊综合评价法等。通过构建评价指标体系、确定权重和进行计算，企业可以对不同项目进行综合评估和排序，选择具有较高综合评价值的投资项目。

投资决策在科技创新中具有重要意义。企业需要综合考虑项目的技术水平、市场前景、回报率和风险等因素，通过合理的投资决策，企业能够优化资源配置，推动科技创新的发展，实现长期可持续的竞争优势。

（三）融资策略与投资决策的协同作用

融资策略对投资决策的影响体现在资金的供给和成本方面。合理的融资策略能够为企业提供所需的资金支持，使企业能够开展研发活动、推动产品开发和市场推广等。不同的融资方式和渠道具有不同的资金供给特点，对企业的投资决策产生不同的影响。例如，风险投资和天使投资等股权融资方式可以为初创企业提供大额资金，支持高风险高回报的创新项目。而银行贷款等债务融资方式则提供稳定的资金来源，适合稳健的投资决策。

投资决策对融资策略的影响主要体现在回报率和风险方面。投资决策确定了企业将要投资的项目和领域，决定了企业未来的盈利能力和发展方向。融资策略需要根据投资决策的特点，选择合适的融资方式和渠道，以最大程度地满足项目的资金需求和融资成本的可承受性。如果投资决策确定了高回报、高风险的项目，那么融资策略可能需要选择风险投资等高风险高回报的融资方式。而对于低风险、稳健的投资决策，可以选择较低成本、较稳定的融资方式。

融资策略和投资决策之间的协同作用体现在相互的补充和支持关系上。良好的融资策略能够提供充足的资金支持，为企业的投资决策提供了资源保障。同时，明智的投资决策能够为融资策略提供明确的发展方向和资金回报预期，为企业选择适当的融资方式和渠道提供了基础。

四、技术创新的驱动因素

（一）内部驱动因素

企业内部的驱动因素在科技创新中起着至关重要的作用。主要包括技术实力、管理团队、企业文化和人才储备。

首先，技术实力是科技创新的基础。强大的技术实力使企业能够在科技领域保持竞争优势。这包括企业拥有先进的研发设施、专业的研发团队和丰富的技术知识。技术实力的提升需要企业投入大量的资源进行技术研发、持续改进和创新。通过不断加强技术实力，企业可以推动科技创新的进程，提供更具竞争力的产品和服务。

其次，管理团队在科技创新中扮演着重要的角色。优秀的管理团队能够明确企业的创新方向和目标，制订出科学的研发计划，并有效地组织和协调企业内部的资源。他们具备战略眼光和创新思维，能够把握市场机遇，推动科技创新的落地和应用。管理团队还能够培养创新意识和团队合作精神，营造积极的创新氛围。

再次，企业文化也是推动科技创新的重要精神力量。积极的企业文化能够激发员工的创新热情和创造力。鼓励员工勇于尝试、勇于创新，容忍失败和试错，提倡开放交流和跨部门合作。企业文化应该鼓励员工提出新的想法和方法，并提供支持和资源来实现这些创新。一个积极向上、鼓励创新的企业文化能够吸引更多的创新人才，为科技创新提供有力的支持。

最后，人才储备是科技创新的关键。优秀的人才是科技创新的主要执行者，他们具备专业知识和技能，能够推动科技创新的发展。企业需要通过各种途径吸引和留住优秀的人才，如建立合理的薪酬体系、提供良好的职业发展机会、培养人才的创新意识和团队合作精神等。同时，企业还可以与高校、研究机构等建立合作关系，进行人才的引进和培养，为科技创新提供人力支持。

（二）外部驱动因素

市场需求是科技创新的重要驱动力。市场需求直接影响着企业的产品研发方向和创新内容。只有满足市场需求的创新才能得到市场的认可和接纳，从而实现商业成功。因此，企业在进行科技创新时需要密切关注市场的需求动态，了解消费者的需求变化和趋势，以便调整自身的创新策略，提供具有竞争力的产品和服务。

政府的政策和支持措施可以为企业提供资源、资金和市场机会，推动科技创新的发展。政府可能会制定相关政策来鼓励企业增加研发投入、提供税收优惠、建立创新基金等。企业需要密切关注政策环境的变化，及时把握和利用政策的机遇，以实现科技创新的发展目标。同时，政策环境也可能带来限制和挑战，企业需要适应政策的变化，合规经营，确保科技创新活动的顺利进行。

不同的社会文化背景和价值观会影响人们对科技创新的接受程度和需求。社会文化背景决定了人们的消费需求、生活方式和观念，这对企业的科技创新产生了直接的影响。企业需要了解和研究不同社会文化背景下的消费者行为和趋势，以便更好地满足市场需求，开展有针对性的科技创新。

外部驱动因素在科技创新中起着重要的作用。企业需要密切关注外部驱动因素的变化和趋势，灵活调整自身的创新策略，以适应市场需求、抓住机遇，并实现科技创新的成功。

（三）内部驱动和外部驱动的互动关系

内部驱动和外部驱动在推动科技创新方面存在密切的互动关系。它们相互影响、相互促进，共同推动科技创新的发展。

内部驱动因素如技术实力、管理团队、企业文化和人才储备能够直接影响企业对外部驱动因素的应对能力。举例来说，优秀的技术实力和研发团队可以更好地把握市场需求的变化，迅速调整创新方向，满足市场的需求。有着积极创新文化的企业更加开放和敏感，能够更快地感知和适应政策环境的变化。同时，企业拥有高素质的人才储备，能够更好地应对不同社会文化下的市场需求，设计出更具有针对性和竞争力的创新产品和服务。

外部驱动因素如市场需求、政策环境和社会文化等可以对企业的内部驱动因素产生直接或间接的影响。市场需求的变化会直接影响企业的技术研发方向和创新策略。政府的政策和支持措施能够激励企业加大技术研发投入，提升技术实力。不同的社会文化背景和价值观会塑造企业的管理团队和企业文化，影响其创新意识和创新方式。

企业需要注重内部驱动和外部驱动之间的协同作用。内部驱动因素需要对外部驱动因素保持敏感，及时调整创新策略和方向以适应市场需求、政策环境和社会文化的变化。外部驱动因素也需要与内部驱动因素相互协调，引导和支持企业的内部驱动因素的发展，提升技术实力、加强管理能力和培育创新文化，以增强企业的竞争力和创新能力。

（四）驱动因素在科技创新中的重要性

驱动因素提供了科技创新的动力。无论是内部驱动还是外部驱动，都能为企业或组织注入推动创新的动力。内部驱动因素如技术实力、管理团队和企业文化，能够激发创新的热情和动力，使企业积极投入到科技创新活动中。外部驱动因素如市场需求和政策环境，能够为企业提供市场机遇和政策支持，激励企业进行科技创新。

驱动因素能够指导科技创新的方向。驱动因素的存在能够帮助企业明确科技创新的目标和方向。市场需求的变化、政策环境的影响，以及内部技术实力和人才储备的特点，都能够对企业的科技创新方向产生指导作用。这有助于企业将有限的资源和精力集中在最有前景和最有价值的创新领域，提高科技创新的效果和成功率。

驱动因素促进科技创新的深入发展。驱动因素能够激发企业的创新能力，推动科技创新不断进步。通过持续投入技术研发和创新活动，企业能够不断提升自身的技术实力和创新水平。市场需求的反馈、政策环境的变化以及与合作伙伴的交流合作，都能够为企业提供更多的学习和成长机会。

驱动因素在科技创新中具有重要的作用。其提供科技创新所需的动力、指导创新的方向和促进创新的深入发展。企业和组织应重视和整合驱动因素，合理利用内外部驱动因素，以推动科技创新的持续发展，提高竞争力和创新能力。

第四节　企业文化与创新氛围

一、企业文化概述

（一）企业文化的定义

企业文化，一种复杂的、深层次的、不易被直接感知的现象，是企业内部的价值观、信念、行为规范和组织氛围的总和。在某种程度上，企业文化是企业的灵魂，它深深地影响着企业的运行和发展。

在定义企业文化时，需要对其四个主要组成部分进行理解。

价值观是企业文化的核心，它指导和影响着企业的所有决策和行为。这包括企业的使命和愿景，以及企业的核心价值观。企业的使命是其存在的最深层次的理由，而愿景则描述了企业在未来想要达到的目标。企业的核心价值观则是企业员工在日常工作中应该遵循的准则。

信念是企业文化的一部分，它体现了企业对自己能够实现愿景的信心。强烈的信念可以鼓励企业员工克服挑战，坚持下去，直到目标的实现。

行为规范是企业文化的具体表现，它规定了企业员工在工作中应该如何行事。这些规范可能会涵盖各种行为，比如，如何与同事、客户和合作伙伴进行交流，如何处理问题，以及如何做出决策。

组织氛围是企业文化的一个重要方面，它影响着员工的工作满意度和工作效率。一个积极的组织氛围可以激发员工的潜力，提高他们的工作投入度和生产力。

企业文化的价值在于，它可以作为企业的竞争优势。一个独特的、吸引人的企业文化可以吸引优秀的员工，增强客户的忠诚度，提高企业的市场份额。同时，企业文化还可以帮助企业在市场变化的情况下保持稳定，因为它提供了一个稳定的参照框架，帮助企业做出决策和应对变化。

然而，建立和维护一个积极的企业文化并非易事，它需要企业的领导者有清晰的视野，明确的价值观，以及坚定的决心。企业的领导者需要通过自身的行为示范，传递和弘扬企业的价值观。他们需要创建一个支持企业文化的环境，例如，通过提供培训和发展机会，鼓励员工接受企业的价值观，通过奖励和表彰那些体现企业文化的行为，进一步巩固企业文化。

（二）企业文化的特征

企业文化的六大特征是其独特性、继承性、相融性、人本性、整体性和创新性。每一种特征都在某种程度上影响着企业文化的形成和发展，并进一步塑造企业的经营哲学、组织行为以及与内外环境的关系，如图 2-6 所示。

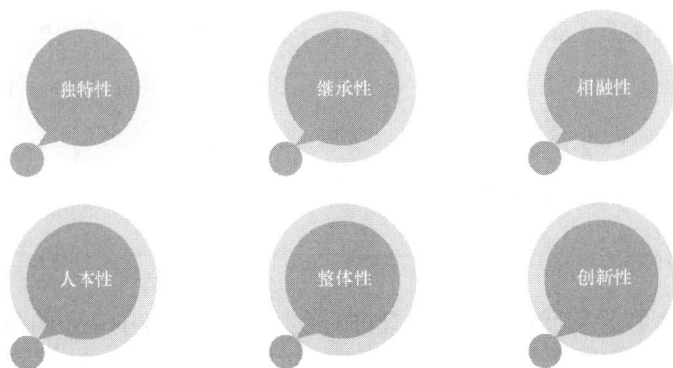

图 2-6　企业文化的特征

1. 独特性

独特性体现在每一个企业都有其独一无二的文化，这些文化根植于企业的历史、传统、目标、员工素质以及特定的环境中。独特的企业文化有助于企业建立与众不同的品牌形象，区别于竞争对手，吸引客户和优秀员工。同时，独特的企业文化也为员工提供了共享的价值观和行为规范，增强了团队的凝聚力。

2. 继承性

继承性表现在企业文化能够沿着历史的轨迹传承下去。优秀的企业文化能够吸取并继承历史的优秀元素，无论是来自本民族的文化传统，还是来自外部的先进管理理念。企业文化的继承性保证了企业在面临变革和挑战时，能够保持稳定和连续，为企业提供一个可靠的精神支柱。

3. 相融性

相融性指的是企业文化与其所处环境的和谐共生。一方面，企业文化需要适应外部的经济、政治、社会和文化环境；另一方面，企业文化也需要反映并推动内部组织结构和管理方式的变化。只有在与内外环境相融的情况下，企业文化才能发挥其应有的作用。

4. 人本性

人本性强调企业文化关注和尊重人，强调人在企业管理中的重要地位。这体现在企业关注员工的需求，尊重员工的价值，提供良好的工作环境和发展机会，鼓励员工展现其潜力。人本的企业文化有助于激发员工的工作积极性和创新性，提升员工的工作满意度和忠诚度。

5. 整体性

整体性是指企业文化是一个有机的统一体，它整合了企业的各个部分和层面，包括企业的使命、愿景、价值观、组织结构和管理方式等。它强调个体和集体之间的关系，鼓励员工将个人奋斗目标与企业发展的整体目标相融合。整体性意味着企业文化将个体的价值追求与组织的整体利益相结合，实现员工与企业的共同发展。

6. 创新性

优秀的企业文化往往具有创新性，它能够在传承中不断创新。企业文化应随着企业环境和市场的变化而改革发展，引导员工追求卓越、追求成效和追求创新。创新性的企业文化鼓励员工提出新的观点和创意，推动企业在产品、服务、管理等方面实现突破和进步。

（三）企业文化的内容

企业文化的内容包括经营哲学、价值观念、企业精神、企业道德、团体意识、企业形象、企业制度和文化结构（图 2-7）。这些方面共同构成了企业文化的多个维度，对企业的发展和员工行为起着重要的指导和影响作用。

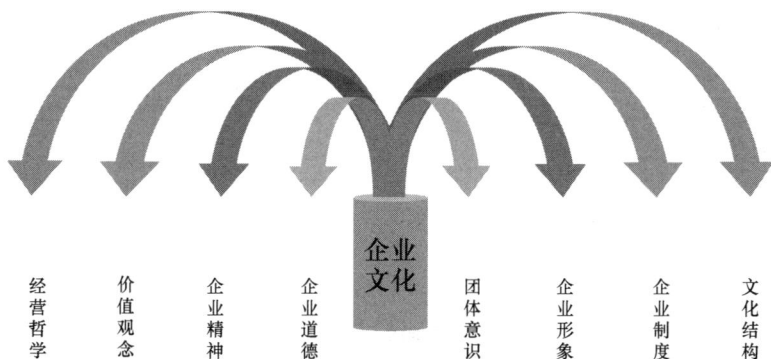

图 2-7　企业文化的内容

1. 经营哲学

企业文化的基础是经营哲学，它是企业行为的基本原则和方法论。经营哲学指导企业在竞争环境中的决策和行动，体现了企业对待市场、顾客、员工和社会的态度和价值观。

2. 价值观念

企业的价值观念是对企业存在意义、经营目标和宗旨的价值评价和追求。它是企业全体员工共同的价值准则，影响着员工的行为和决策。价值观念决定了企业对待顾客、员工、合作伙伴和社会的态度和行为准则。

3. 企业精神

企业精神是企业成员集体观念的体现，是在企业特定性质、任务和发展方向下形成的精神风貌。它体现了企业的核心价值观念、文化传统和行为规范，对于凝聚员工、推动企业发展具有重要作用。

4. 企业道德

企业道德是规范企业与其他企业、顾客以及内部员工关系的行为规范。它以道德范畴为基准评价和规范企业行为，具有示范效应和自我约束的力量，对企业的长期发展和社会形象具有重要影响。

5. 团体意识

团体意识是企业内部凝聚力形成的心理因素，使员工将个人利益融入到企业整体利益中，追求共同的目标。团体意识能够推动员工协同合作、共同努力，实现企业整体的发展。

6. 企业形象

企业形象是企业通过外部特征和经营实力向外界展示的总体印象。它包括表层形象和深层形象，前者是通过招牌、广告、商标等视觉识别系统展示给人们的直观感受，后者则是通过经营实力和内部要素表现出来的信誉、品质和形象。

7. 企业制度

企业制度是企业内部对人的行为进行规范的各种规定，具有强制性和约束力。它确保了员工行为的合理进行，协调内外人际关系，保护员工共同利益，为企业的有序组织和发展提供保障。

8. 文化结构

企业文化结构指企业文化系统内各要素之间的关系和层次结构。它体现了企业文化各要素之间的比例关系、重要性和结合方式，形成了企业文化的整体模式和特征。

二、创新氛围的构建与维护

（一）创新氛围的构建

创新氛围指的是在企业内部形成的鼓励和支持创新的环境。构建良好的创新氛围，是实现企业科技创新的重要一环。其具体做法如下：

1. 培养创新人才

企业需要注重培养具备创新能力和创新精神的人才。这可以通过招聘和培训来实现，同时也需要提供良好的职业发展机会和激励措施，以留住和激励优秀的创新人才。

2. 鼓励知识分享与学习

企业应该鼓励员工之间的知识分享和学习，创造一个开放、合作的氛围。这可以通过组织内部的知识共享活动、跨部门的合作项目等方式来实现。

3. 容忍失败和接受反馈

创新过程中难免会遇到失败和挑战，企业应该容忍失败，鼓励员工勇于尝试，从失败中吸取经验教训。同时，企业也应该接受来自内部和外部的反馈意见，不断改进和优化创新活动。

4. 领导示范和支持

企业的领导层在构建创新氛围中起到关键作用。他们需要以身作则，积极参与创新活动，为员工树立榜样。同时，领导层也要提供资源支持和决策支持，推动创新的落地和实施。

5. 持续改进和创新评估

构建创新氛围是一个持续改进的过程。企业需要不断评估和调整创新氛围的效果，发现问题并进行改进。同时，也要关注外部环境的变化，及时调整创新策略和方向。

构建创新氛围是一个综合而系统的工作，需要从文化、资源、机制、人才等多个方面进行考虑和落实。通过这些关键步骤的实施，企业能够激发员工的创新潜力，增强企业的竞争力和可持续发展能力。

（二）创新氛围的维护

维护良好的创新氛围对于推动企业的科技创新至关重要。创新氛围可以帮助激发员工的创新思维，鼓励他们尝试新的思路和方法，以此来解决问题和改进现有的产品或服务。

1. 推广创新文化

企业需要持续推广创新文化，将其深入到企业的每一个角落。这可能涉及到一系列的活动，比如定期的创新讲座、创新工作坊和创新大赛等。这些活动可以帮助员工理解创新的重要性，提高他们的创新意识和能力。此外，企业还可以通过各种渠道，如内部新闻、员工通信和社交媒体等，来传播和弘扬创新的成功故事，以此来激励员工积极投身于创新活动。

2. 评估创新资源

企业需要定期评估其创新资源的使用情况。这可能包括人力资源、资金资源、设施资源和信息资源等。企业需要确保这些资源能够被有效地利用，以支持创新活动的进行。对于那些没有被充分利用的资源，企业需要寻找方法来改善其使用效率。对于那些已经用尽或者不再适用的资源，企业需要寻找新的资源来替代。

3. 调整创新机制

企业需要根据实际情况，及时调整和优化其创新机制。这可能涉及到一系列的决策，比如修改创新策略、改变创新流程、调整创新团队等。企业需要确保其创新机制能够适应环境的变化，满足创新活动的需要。同时，企业还需要关注那些阻碍创新的因素，如过度的规章制度、过高的风险厌恶度和过分的短视行为等，试图消除或者减少它们对创新的影响。

4. 扩大创新网络

企业需要不断扩大其创新网络，寻找和发展新的创新合作伙伴。比如参加创新联盟、建立创新平台、签订创新协议等。这些活动可以帮助企业获取外部的创新资源，如新的创新思路、新的创新技术和新的创新机会等。同时，这些活动还可以帮助企业建立创新的声誉，提高其在行业中的影响力。

三、企业文化对创新的影响

（一）企业文化与创新的关系

企业文化与创新之间的关系，可以被视为一种相互影响、相互推动的动态关系。每一个成功的企业，无论其发源地或者发展阶段如何，都会有其独特的企业文化。这种文化是由企业的价值观、信念、行为规范，以及组织氛围共同构成。同样，创新也是企业成功的关键因素之一。无论是产品创新、服务创新、或是管理创新，都可以为企业带来竞争优势，提升企业的市场地位和经济效益。因此，企业文化和创新在推动企业发展方面起着至关重要的作用。

创新是企业发展的源动力，而企业文化则是推动创新的独特方式。一个支持创新的企业文化，能够激发员工的创新思维，鼓励他们去尝试新的事物，尊重他们的创新成果。这不仅会激发员工的创新欲望，也会为企业带来源源不断的创新动力。同时，这种文化也能够增强企业的内部凝聚力，提高员工的工作满意度和忠诚度，为企业创造一个稳定而充满活力的内部环境。

在这种企业文化中，价值观和信念是非常重要的组成部分。价值观是企业文化的核心，信念则是价值观的具体表现。一个强调创新的价值观，如重视创新思维、尊重原创性、奖励创新行为等，能够成为推动员工进行创新的动力。员工在这样的价值观指导下，会更加愿意去尝试、去冒险、去创新。同时，这种价值观也会深深地影响企业的决策和行为方式，使企业在面对市场变化时，能够更加迅速和灵活地应对。

行为规范也是企业文化中非常重要的一部分。行为规范为员工提供了一种行为指南，告诉他们哪些行为是被接受的，哪些行为是被否定的。如果企业的行为规范鼓励创新和冒险，员工就更有可能进行创新活动。同时，这种规范也能够帮助企业建立一个良好的工作环境，减少内部冲突，提高工作效率。一个支持创新的组织氛围，能够为员工提供一个安全的试错空间。在这样的氛围中，员工会感到自由去尝试、去失败，不用担心因为失败而被责备。这种氛围能够激发员工的创新精神，使他们敢于挑战自我，勇于追求新的成就，因此企业文化中的组织氛围也对创新起着非常重要的作用。

（二）企业文化对创新的影响

企业文化与创新之间的相互作用是举足轻重的。它们是互相影响、互相塑造的关系，这种关系在现代商业环境中尤为重要。作为一个动态的、生活化的系统，企业文化对创新起着重要的促进作用。一个充满活力和创新精神的企业文化可以激发员工的创新意识，提供有利的创新环境，并鼓励员工积极参与创新活动。

企业文化可以创造出一个鼓励创新的氛围。这个氛围是由企业价值观、信念、行为规范和组织结构等因素共同塑造的。员工会觉得他们的创新思维和行为得到了尊重和支持，这会进一步激发他们的创新动力。同时，这种创新氛围也会影响企业的决策过程，使之更加开放和灵活，更有利于创新。

此外，企业文化中的价值观和信念对创新有着重大影响。在一个强调创新价值的企业文化中，员工通常会认为创新是成功的关键，他们会更愿意去尝试新的事物，去接受新的挑战。同时，企业文化中的信念可以进一步强化这种创新精神。例如，如果员工相信创新能够带来成功和回报，他们就更有动力去进行创新。

在一个积极的、支持创新的企业文化中，企业的行为规范也会对创新产生重要影响。行为规范可以为员工提供明确的指导，告诉他们什么样的创新行为是被接受的，什么样的创新行为是不被允许的。这种明确性有助于员工了解和理解创新的边界，同时也为创新活动提供了一定的结构和秩序，从而使创新更加有效和有序。在这样的组织中，员工会觉得他们的创新行为是被认可的，他们的创新成果是被重视的，他们的创新能力是被发展的。这种组织环境不仅有助于吸引和留住那些具有创新精神的员工，也能够提升整个组织的创新能力和竞争力。

四、创新氛围的重要性

（一）创新氛围的含义及价值

创新氛围是在企业内部形成的对创新持开放态度的环境。它不仅包括对新想法和新方法的接受，还包括对尝试和失败的容忍。这种氛围的建立是在企业的文化、制度和人员的共同作用下形成的，其价值体现在以下几个方面。

创新氛围对激发员工的创新意识有着显著的影响。在这种环境下，员工能够理解和认同创新的价值，明白自己在创新活动中的责任和角色。这会使员工有更强的动力去寻找和尝试新的解决方案，从而提高工作效率和质量。因此，建立和维持一个鼓励创新的氛围，是提高员工的工作投入度和满意度，激发他们的积极性和创新精神的重要途径。

创新氛围对促进创新行为也具有积极作用。在一个容忍失败的氛围中，员工不会因为害怕失败而回避挑战和风险。相反，他们会有勇气去尝试新的思维方式和行为模式，甚至去挑战现状。这种开放和接纳失败的氛围，可以促进员工的风险承担，培养他们的解决问题和应对困难的能力，从而推动企业的创新活动和创新效果。

最后，创新氛围对提高创新绩效有着重要的影响。在一个鼓励创新的氛围中，企业会对创新成果给予奖励和表扬，从而提高员工的工作满意度和工作投入度。这种奖励和表扬不仅可以激励员工的积极性和主动性，还可以培养他们的忠诚度和归属感。这种对创新成果的认可和赞赏，可以促进员工的自我效能感，增强他们的信心和动力，从而提高企业的整体创新绩效。

（二）构建和维护创新氛围的策略

在当前的商业环境中，科技创新是企业取得竞争优势、推动经济增长的关键因素。因此，构建和维护一个有利于创新的企业氛围变得尤为重要。以下的三个策略是企业在构建和维护创新氛围时所需要考虑的核心因素。如图 2-8 所示。

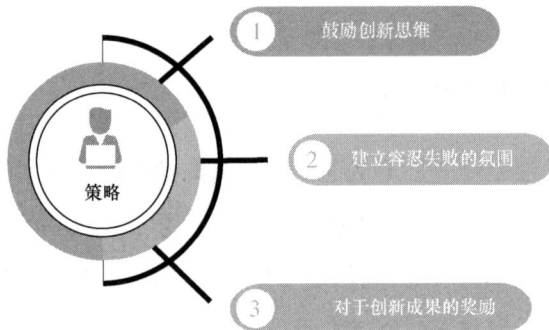

图 2-8　构建和维护创新氛围的策略

1. 鼓励创新思维

企业可以通过多种方式鼓励员工发展创新思维。举办创新大赛是其中一种方式。通过定期举办创新大赛，企业为员工提供了一个实践创新思维的平台。员工可以提出自己的创新点子，并与其他同事共同探讨和改进，从而培养创新思维和团队合作能力。此外，企业还可以提供创新培训，通过专业的培训课程和工作坊，帮助员工了解和学习创新思维的方法和技巧，激发他们的创造力和想象力。这样的培训可以在员工中形成一个更为开放和多元的思维环境，促进创新意识的培养和创新思维的发展。

2. 建立容忍失败的氛围

失败是一种常见现象，并且被视为获取成功的重要组成部分。员工可以充分表达他们的想法和观点，不必担心受到严厉的批评或惩罚。

容忍失败的氛围可以通过多种方式实现。管理层应明确表达对员工的支持和理解，这可以通过公开赞扬员工的创新努力，并将失败视为学习的机会来实现。管理层应鼓励员工将失败视为探索和发展的一部分，从中吸取经验教训，并将其应用于未来的创新努力中。

为了建立容忍失败的氛围，组织应提供积极的反馈和支持机制。这可以包括定期的评估和反馈会议，其中员工可以分享他们的创新经验和教训，并获得其他团队成员和管理层的建议和支持。此外，组织还可以鼓励员工参与知识共享和团队合作，以促进共同学习和提高创新能力。

可以通过培养积极的心态和鼓励探索精神来实现。组织可以提供创新培训和发展计划，帮助员工了解创新过程中可能遇到的挑战和困难，并提供解决问题的工具和方法。组织可以鼓励员工参与跨部门合作和跨功能团队，以促进不同背景和经验的员工之间的互动和交流，从而培养创新意识和团队合作精神。

3. 对于创新成果的奖励

其奖励措施可以促使员工更积极地参与创新活动，并对创新努力给予认可和肯定。这种奖励机制有助于培养员工的创新热情和自我效能感，对组织的创新能力和竞争力产生积极影响。

创新奖金是一种直接的经济奖励，它基于员工在创新活动中所取得的成果和贡献，可以作为一种额外的报酬措施。通过给予创新奖金，组织可以激励员工更加努力地推动创新，这种奖励形式在某些情况下可以产生很好的激励效果，特别是当创新成果与组织的核心目标和利益密切相关时。

除了经济奖励，对创新员工的表扬和认可也是一种重要的奖励形式。通过公开表彰和赞扬，组织可以向员工传达出创新的重要性和价值，使其感受到自己的工作和努力得到了认可。这种奖励形式可以提升员工的自尊心和自信心，激发他们更加积极地投入到创新活动中。组织还可以通过内部通信渠道、员工会议等方式，将创新员工的成功故事和经验分享给整个组织，以鼓励其他员工参与创新，并形成学习和启发的氛围。

在奖励创新成果时，组织应该注意奖励的公平性和透明性。奖励制度应该建立在公正的评估和选择机制上，避免任性或主观因素的干扰。组织还应确保奖励与创新成果之间存在明确的关联，以避免奖励失去激励效果或导致不当行为的发生。为了有效地奖励创新成果，组织应根据创新的性质和特点，制定出合适的奖励方案，并在实施过程中进行评估和调整。

第二部分

科技成果转化的策略与实施

　　科技成果转化是将科技创新成果转化为经济和社会价值的过程，对于促进经济发展和推动社会进步具有重要意义。本部分的内容主要涵盖了科技成果转化的战略与实施、项目筛选与评估、转化过程的管理与监控、风险防范与应对策略，以及政策与法律保障等方面。通过明确战略定位与目标设定、构建组织协同与双链融合机制、选择转化途径与模式，以及进行项目筛选与评估、转化过程的管理与监控、风险防范与应对策略，可以有效推动科技成果的转化和应用。同时，政策与法律保障、行业标准与监管体系的建立也起到重要的支持和保障作用。通过深入探讨这些内容，可以为科技成果转化提供战略指导和实施路径，提高科技成果的转化效率和质量，从而推动创新成果更好地为社会经济发展贡献价值。

第三章 科技成果转化的战略

第一节 战略定位与目标设定

一、科技成果转化的相关概念

（一）科技成果的定义

科技成果，也称科学技术成果，是科研人员通过他们从事的特定科学技术研究项目或课题研究范围内，通过实验观察、调查研究、综合分析等一系列脑力和体力劳动所得到的，并经过评审或鉴定，确认具有学术意义和实用价值的创造性结果。它广泛地涵盖了所有在科学和技术研究活动中取得的有一定学术价值或实用价值的新发现和新成果。

其特性可以归纳为以下三个要点，如图 3-1 所示。

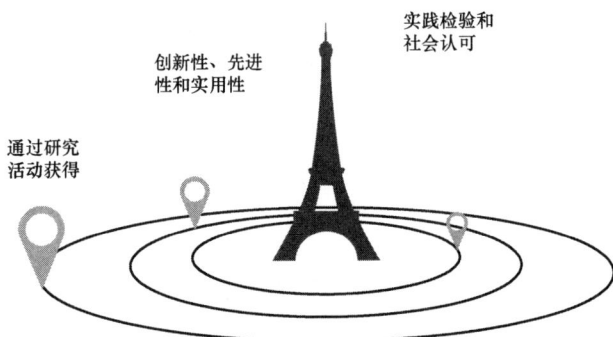

图 3-1 科技成果转化的特性

1. 通过研究活动获得

科技成果是通过观察、试验、研制等一系列科学研究活动得出的。科研工作者通过反复的观察和试验，向自然界寻找第一手资料或发现新的现象，通过分析和归纳形成一个完整的新的思想体系。

2. 创新性、先进性和实用性

科技成果必须具有创新性、先进性和实用性。创新是科研活动的核心，如果仅仅是重复前人的工作，没有新的见解或观点，也没有任何的改进或提高，那么这种工作的结果不能被称为科技成果。

3. 实践检验和社会认可

科技成果必须通过鉴定、验收、评估、评价或在刊物上公开发表等途径接受实践的检验，并获得社会的认可。它应具有一定的学术意义或实用价值。科技成果的学术意义和实用价值的大小，可以通过技术鉴定、评估、评价等形式来确定，或者直接作为商品，通过转让等方式由市场机制来确定其价值。

（二）科技成果转化的定义

根据 1996 年政府颁布实施的《中华人民共和国促进科技成果转化法》第一章第二条将科技成果转化界定为"科技成果转化，是指为提高生产力水平而对科学研究与技术开发所产生的具有实用价值的科技成果所进行的后续试验、开发、应用、推广直至形成新产品、新工艺、新材料，发展新产业等活动[①]。"

科技成果转化是一个复杂的多层次、多维度的过程，它涉及到科学知识和技术能力在一定时代背景下，为了推动科学发展、创新技术和促进生产，经历了"科学→技术→生产"以及"基础研究→应用研究→开发研究→社会

---

① 王辉坡. 科技成果转化的知识管理与对策研究［D］. 哈尔滨：哈尔滨工程大学，2007.

生产"等阶段和环节的一系列转变和实现。在广义上，科技成果转化是在科学、技术、经济、社会的互动发展和一体化实践活动中，科技成果内容和形式的不断变化的全部总和。

在狭义上，科技成果转化指的是科技成果直接转化为生产力的过程。这通常涉及到将应用性研究成果通过技术开发和产品开发，转化为新的产品、新的工艺，以及新的管理技术和方法。具体表现为科技成果的市场化、产业化、国际化。市场化指的是科技成果走向市场，进行有偿转让，得到相应的价值认可。产业化则指的是形成科技产业，进行科技成果的规模生产，追求最大的效益。国际化则是在国际市场的更大范围内优化配置和有效利用各种资源，寻求跨国发展。

科技成果转化的核心在于科技与经济的结合、科技与社会的一体化，它强调的是已有科技成果的首次商业化应用和产业化生产。在现代社会，科学技术的飞速发展对经济发展产生了巨大推动作用，科学技术与社会经济的相互依存、相互渗透，呈现出一体化趋势。而科技成果转化作为促进科技与经济结合的关键环节，也是当前社会经济发展中需要着力解决的重要问题。

因此，科技成果转化可以定义为：在特定的时代背景下，科研主体利用科学知识和技术能力，通过一系列的活动和过程，将科学研究成果转化为具有实用价值的技术和产品，以推动科技进步、促进经济发展和社会进步的过程。

二、确定科技成果转化的战略定位

科技成果转化的战略定位是对科技成果转化的方向和路径进行长期和全局性的设计和规划，是一个涉及科技创新、市场需求、技术成熟度、知识产权保护、政策环境和社会影响等多个因素的全方位策略，它需要科研团队根据具体情况灵活调整策略，以适应不断变化的市场环境和社会需求。在具体实践中，需要考虑到以下几个重要因素，如图3-2所示。

图 3-2　确定科技成果转化的战略定位

（一）基础——科技创新

科技创新涵盖了基础研究、应用研究、实验开发等多个层面，它既是科技成果的来源，也是推动科技成果转化的重要动力。科研团队需要在科技创新方面进行持续的投入，不断提升科研实力，推动科研成果的创新和升级。同时，科研团队也需要密切关注科技前沿动态，引入和利用外部创新资源，提高科技成果的创新性和技术水平。

（二）关键目标——满足市场需求

科技成果转化的目的不仅仅是实现科技创新，更重要的是要满足市场需求，实现科技与市场的有效对接。科研团队需要深入了解市场需求，将市场需求作为科技研发的导向，以市场为导向进行科技研发和科技成果转化。同时，科研团队也需要密切关注市场动态，及时调整科技研发和科技成果转化的策略，以适应市场变化。

（三）重要前提——技术成熟度

科技成果的技术成熟度直接影响其转化效果和转化价值。科研团队需要确保科技成果的技术成熟度达到一定水平，才能有效地推动科技成果的转化。为此，科研团队需要在科技研发过程中注重技术积累和技术优化，提高科技成果的技术成熟度。

（四）重要保障——知识产权保护

科技成果的知识产权保护不仅可以保护科研团队的研发成果，防止科技成果被侵权，还可以增加科技成果的市场价值，提高科技成果转化的经济效益。科研团队需要在科技研发和科技成果转化过程中注重知识产权保护，通过申请专利、注册商标等方式保护科技成果的知识产权。

（五）重要支持——政策环境

政策环境对科技成果转化的影响主要体现在两个方面：一是政策可以为科技成果转化提供支持和鼓励，包括资金支持、政策优惠等；二是政策可以为科技成果转化创造一个良好的发展环境，包括法律环境、市场环境等。科研团队需要关注政策动态，了解科技政策、产业政策、市场政策等，根据政策环境调整科技成果转化的策略。

（六）不可忽视——社会影响

科技成果转化不仅关乎经济效益，也关乎社会效益。科研团队需要在科技研发和科技成果转化过程中考虑到其可能产生的社会影响，包括对环境的影响、对社会的影响等，尽量实现科技成果转化的社会效益和经济效益的双赢。

三、制定科技成果转化的目标

在制定科技成果转化的目标过程中，明确科技成果转化的方向和重点是至关重要的一步。科技成果转化的方向和重点不仅要反映科研团队的科研能力和优势，也要结合市场需求和社会需求。科研团队的科研能力和优势决定了科技成果转化的可能性和潜力，而市场需求和社会需求则决定了科技成果转化的价值和意义。因此，科研团队在制定科技成果转化的目标时，需要结合自身的科研能力和优势，同时也要考虑市场需求和社会需求。

科技成果转化的目标设定需要切实可行。切实可行的目标设定应当充分考虑到科技成果的技术成熟度、市场接受度和政策环境等因素。技术成熟度是科技成果转化的基础，它决定了科技成果转化的技术难度和投资风险；市场接受度是科技成果转化的关键，它决定了科技成果转化的市场前景和商业价值；政策环境是科技成果转化的外部条件，它影响了科技成果转化的成本和效益。因此，科研团队需要充分考虑这些因素，设定切实可行的目标。

目标设定应当是动态的，科研团队在实施科技成果转化过程中，应根据科研实践和市场反馈，对科技成果转化的目标进行及时的调整。科技成果转化是一个复杂的过程，涉及多个因素和环节，其实施效果和市场反馈可能会出现预期之外的变化。科研团队应当有灵活的应变能力，对科技成果转化的目标进行动态的调整，以适应科研实践和市场变化。

根据科技成果转化的相关概念和目标设定的方法和技巧，其目标应当包括如下几点，如图 3-3 所示。

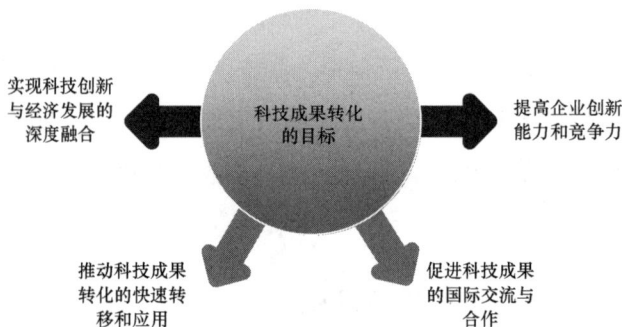

图 3-3　科技成果转化的目标

（一）实现科技创新与经济发展的深度融合

科技创新与经济发展的深度融合是推动社会进步和经济增长的关键。通过将科技成果转化为实际生产力和社会效益，实现科技创新与经济发展的有机结合。这意味着政府、企业和科研机构需要加强合作，确保科技成果能够直接服务于产业发展和社会需求。政府应制定有利于科技成果转化的政策和支持措施，鼓励企业加大科技投入和创新力度。同时，企业应积极参与科技创新，将科研成果转化为具有市场竞争力的产品和服务。科研机构则需要加强技术转移和转化的能力，促进科技成果的实际应用。通过深度融合，科技创新将成为经济发展的重要引擎，推动产业升级、提升生产效率和增加就业机会。

（二）推动科技成果转化的快速转移和应用

科技成果的快速转移和应用是科技成果转化的核心目标。通过完善科技成果转化的政策体系、市场机制和服务体系，加强技术转移机构的建设和运营，降低科技成果转化的障碍和风险。同时，需要加强科技成果与市场需求的对接，开展市场导向的科技成果转化工作。这意味着将科技成果转化为商业化的产品和服务，提高科技成果的商业化和产业化水平。通过加强科技成果的转移和应用，实现科技创新成果的落地和实际应用，为经济发展和社会进步提供更大的贡献。

（三）提高企业创新能力和竞争力

科技成果的转化和应用对企业的创新能力和竞争力具有重要影响。为此，需要政府加强对企业的支持服务，鼓励企业加强自主创新，推动科技成果的产业化转化。同时，提供创新支持和培训，帮助企业提高创新能力和创新意识。此外，加强知识产权保护和管理，提升企业的核心技术竞争力，为企业在市场中取得优势地位提供支持。通过提高企业的创新能力和竞争力，实现科技成果转化对企业的持续增值和发展。

（四）促进科技成果的国际交流与合作

科技成果的国际交流与合作对于推动科技成果的转化和应用具有重要作用。通过加强国际科技合作渠道，建立国际合作平台，促进科技成果的国际合作与转化。这包括加强科技人才的国际交流和合作，吸引国际合作伙伴和投资，提升科技成果的国际影响力和知名度。同时，通过国际渠道推广本国的科技成果，提高本国在国际科技创新领域的影响力。通过促进科技成果的国际交流与合作，实现科技成果的共享和互利，推动科技成果转化的全球化进程，为经济发展和社会进步开辟更广阔的国际合作空间。

四、战略定位与目标设定的关系

战略定位与目标设定在科技成果转化过程中占据关键地位，二者紧密相连且相互影响。

战略定位可以视为科技成果转化的大方向。它根据外部环境的变化、组织内部的资源和能力以及利益相关者的需求和期望，提供了整体的框架和战略方向。通过战略定位，充分了解优势、劣势、机会和威胁，从而明确在科技成果转化中应占据的位置和方向。这种大方向的设定将帮助制定更有针对性的、具体的目标，并在必要时进行策略调整，以便更好地满足变化中的环境和需求。

目标设定是在战略定位指导下进行的。将战略定位转化为一组具体、明确、可衡量的目标，这些目标应反映科技成果转化的具体要求和预期成果。通过目标设定可以更具体地了解工作需要达到何种水平，需要满足何种要求，以便更好地实现科技成果转化。目标设定也提供了衡量是否成功实现战略定位的标准和基准。

战略定位和目标设定在科技成果转化中具有重要的相互关联。战略定位为目标设定提供了方向和依据，而目标设定则为实现战略定位提供了行动的指引和衡量的标准。它们共同为科技成果转化的成功提供了支持和保障。

应当时刻关注环境的变化，调整战略定位和目标设定，以适应新的环境和需求，从而确保科技成果转化的成功。

五、目标设定的方法与技巧

（一）SMART 原则

SMART 原则是目标设定中常用的方法，用于确保目标具备以下五个特性：

1. 具体（Specific）

目标应该明确具体，清楚描述所要实现的结果。确切的目标可以提供明确的方向和焦点，使团队明白要做什么，避免模糊和不明确的情况。

2. 可衡量（Measurable）

目标应该能够被量化和测量。设定明确的衡量指标和标准，以便评估目标的实现程度。可衡量的目标有助于监测进展并提供反馈，让团队了解他们是否在正确的轨道上。

3. 可实现（Achievable）

目标应该是现实可行的，考虑到可用的资源、时间和能力。确保目标具备挑战性但又不过于难以实现，避免过高或过低的设定，以保持团队的动力和积极性。

4. 相关（Relevant）

目标应该与组织的整体战略和愿景相一致，与团队的使命和目标相连接。确保设定的目标与团队的核心价值和长远发展方向相符，以确保目标的重要性和相关性。

5. 有时限（Time-bound）

目标应该设定明确的时间限制，指定完成目标所需的截止日期。时间限制可以帮助团队合理安排工作计划，分配资源，并确保目标按时完成。

通过遵循 SMART 原则，可以确保目标设定具备清晰性、可衡量性、可实现性、相关性和时限性，从而提高目标实现的可能性。这一原则可以帮助团队明确目标，制订明确的行动计划，并在工作过程中进行有效的监控和评估。

（二）分解目标

将大目标拆分为更小、更具体的子目标，有助于管理和执行。分解目标可以使任务更具可操作性，也有助于团队在实现整体目标的过程中保持动力和信心。

大目标往往比较宏观和抽象，难以直接转化为具体的行动步骤。通过分解目标，将其细分为更小的子目标，可以使任务更具可操作性和可管理性。每个子目标都具备明确的任务和目标，团队成员可以更清楚地了解需要采取的具体行动和步骤，有助于规划和执行工作。分解目标可以帮助团队成员明确自己的责任和任务。每个子目标可以分配给特定的团队成员或小组，明确各自的职责和任务。这有助于避免工作的重叠和冲突，提高工作效率和协作效果。团队可以更好地确定工作的优先级，并合理分配资源。在分解目标的过程中，可以评估每个子目标所需的资源和时间，并根据实际情况进行优先级排序和资源分配。这有助于团队合理规划工作流程，提高资源利用效率。

（三）设置关键绩效指标

关键绩效指标（Key Performance Indicators，KPIs）是用于衡量目标实现程度的重要工具。通过设置适当的 KPIs，可以帮助团队明确目标的具体衡量标准，评估工作进展，并根据需要调整工作方向和方法。

1. 确定关键成功因素

在设置关键绩效指标之前，首先需要明确目标的关键成功因素。这些因素是直接影响目标实现的关键要素。通过识别关键成功因素，可以更准确地确定需要关注和衡量的方面，以确保目标的实现。

2. 设定量化和可衡量的指标

关键绩效指标应该是可以量化和可衡量的。这意味着它们需要具备明确的数值标准或指标，以便进行实际的衡量和评估。例如，如果目标是提高销售额，可以设定具体的指标如每月销售额的增长率或每季度的销售目标达成率。

3. 对指标进行细化和分解

为了更好地衡量目标的实现，可以将关键绩效指标进行细化和分解。这可以包括将目标拆分为更小的指标，如部门或个人的绩效指标。这有助于更具体地了解不同层面和部分的绩效情况，并及时发现问题和改进的机会。

4. 确定时间范围和频率

关键绩效指标应该设定明确的时间范围和评估频率。时间范围可以是每月、每季度或每年，根据目标的性质和需要确定。评估的频率应该允许及时的监测和反馈，以便团队可以在必要时进行调整和改进。

5. 提供实时监测和反馈机制

关键绩效指标需要建立相应的监测和反馈机制，以便团队可以实时了解绩效情况。这可以包括使用数据分析工具、绩效仪表板或定期的绩效报告等。提供实时监测和反馈可以帮助团队及时发现问题和机会，采取相应的行动。

6. 进行评估和调整

定期对关键绩效指标进行评估，对目标的实现情况进行分析和评估。这有助于发现问题和瓶颈，以及调整工作方向和方法。评估结果可以作为持续改进和学习的基础，帮助团队更好地实现目标。

（四）多方参与

邀请团队成员、利益相关者和合作伙伴参与目标设定过程可以确保目标的全面性和可接受性，每个人都有自己的视角和想法，他们的参与能够确保目标设定的过程考虑到了所有的可能性和角度。这不仅有助于发现和避免可能的问题，也有助于发掘新的机会和创新的方法。如果目标是由少数人或者管理层单方面确定的，可能会遇到接受度不高、执行力度不足的问题。而通过让更多的人参与到目标设定的过程中，大家对目标的认同感会更强，也更愿意为实现目标付出努力。多方参与的过程也是一个互动和学习的过程。在讨论和设定目标的过程中，团队成员可以增进对于组织或项目的理解，提高自己的思维能力和创新能力。同时，这个过程也可以增强团队的凝聚力，为实现目标创造一个积极和协作的环境。

多方参与也需要注意一些问题。如何有效地组织和管理这个过程，如何确保每个人的声音都能被听到，如何处理不同的观点和冲突，这些都是需要考虑的问题。因此，在实践多方参与的目标设定过程时，应该根据实际情况灵活应对，找到适合自己的方法和策略。

（五）定期评估和调整

定期评估和调整目标是目标设定过程中的重要部分，它确保了目标的适应性和持续性。

在日常操作中，工作环境可能会发生变化，新的机会和挑战可能会出现，而这些都可能影响到目标的实现。定期评估目标的进展和效果，检查目标是否仍然适应当前的情况和需求，是非常重要的。只有这样，才能确保目标始终保持与实际工作和环境相一致。

而调整目标则是在评估的基础上进行的。根据评估的结果，需要对目标进行一些调整，这可能包括修改目标的具体内容，或者调整实现目标的策略和方法。调整目标不仅可以应对新的情况和挑战，也可以更有效地利用资源和机会，从而提高工作的效率和效果。

同时，定期评估和调整目标也有助于监控和管理工作的进展。通过对目标进行定期的检查，可以及时发现问题，找出工作的短板，从而进行有效的改善。这种持续的反馈和改进过程，可以帮助不断提升工作的质量和成效。

第二节　组织协同与双链融合机制

一、组织协同的定义与重要性

（一）组织协同的定义

组织协同是指在科技成果转化过程中，各参与主体通过合作机制、平台机制、激励机制、评估机制和保障机制等有效机制的支持下，进行权衡、选择和协同，以实现创新链和产业链内各主体之间资源的协调与合作。它旨在将不同组织、机构、企业以及相关利益相关者的力量和资源有机地结合起来，形成一个协同工作的网络，共同推动科技成果转化的过程。

（二）组织协同的重要性

组织协同在科技成果转化中具有重要的意义。它通过合作机制、平台机制、激励机制和评估机制等的有效运用，推动各参与主体之间的协调与合作，优化资源配置，促进创新合作和市场对接，推动科技成果转化的顺利进行，为经济发展和社会进步做出积极贡献。同时，组织协同还能够促进创新生态系统的构建和产业升级的推进，提高科技成果转化的整体效能和社会影响力。

组织协同可以促进资源的优化配置和合作创新。科技成果转化涉及多个参与主体，包括科研机构、企业、政府等。通过组织协同，不同主体可以共同整合资源，共享知识和技术，实现优势互补，从而提高科技成果转化的效率和质量。合作创新可以促进创新活动的跨学科和跨领域交流，促进新的发现和创新思维的碰撞，有利于培养创新人才和创新团队。

组织协同有助于打破科技成果转化的瓶颈和障碍。科技成果转化常常面临市场需求不明确、技术成熟度低、资金投入不足等问题。通过建立合作机制、平台机制和激励机制等，组织协同可以促进需求方与供给方的对接，提高科技成果的市场适应性和商业化水平。同时，组织协同还可以加强知识产权保护和科研诚信体系建设，提升科技成果的价值和可信度，减少科技成果转化过程中的法律风险和道德风险。

组织协同可以推动科技成果转化与社会需求的对接。科技成果转化的最终目标是解决社会问题和提升社会福利。可以深入了解社会需求，引导科技成果的研发和转化方向，将科技成果与社会需求紧密结合起来，推动科技成果转化的价值和意义得到最大化的实现。

组织协同还有助于构建创新生态系统和推动产业升级。科技成果转化不仅是科研机构和企业之间的合作，也涉及政府、金融机构、产业联盟等各类参与主体。可以构建良好的创新生态系统，促进创新要素的流动和交互，推动产业升级和转型升级，实现科技与经济的深度融合。

二、组织协同的实践与应用

科技成果转化中的组织协同是一种跨学科、跨领域、跨行业的创新协作模式，以提高科技创新效率，加速科技成果的产业化速度，其实践与应用不仅限于科技研发，还深入到科技成果的商业化和产业化等各个环节。

科技创新是科技成果转化的源头，各类科研机构、高校和企业是科技创新的主要主体。组织协同体现在多方面。合作机制和平台机制的建立，使得不同的科研机构和企业有了共享技术、协同研发的可能，有效提升科技创新的效率和质量。另外，通过联合研发机构的构建，科研机构、企业和政府部门能够共同开展科技研究和创新活动，实现资源整合和技术互补，共同推进科技创新的进程。

在科技成果商业化的过程中,组织协同的作用同样重要。科技转移中心的设立,成为科技成果转化的重要桥梁,协调和促进科研机构、企业和投资机构之间的合作,共同推动科技成果的商业化进程。此外,创新平台的建立,为科研机构、企业和投资机构提供了一个资源整合和协同创新的环境,增强各方之间的交流和合作,提高科技成果的商业化成功率。

在科技成果产业化阶段,组织协同同样扮演着关键角色。通过产业联盟的构建,可以促进不同企业之间的合作和资源共享,推动产业链的升级和发展。同时,通过产业创新集群的形成,可以实现企业之间的互补与协同,进一步提高科技成果产业化的速度和效率。

三、创新链产业链的双向融合机制

创新链和产业链的双向融合是通过各种有效机制,具体包括合作机制、平台机制、激励机制、评估机制和保障机制等,实现创新链和产业链内的各大主体及所提供的资源、参与的创新活动的权衡、选择和协同,实现创新有序化的过程,其实质就是尽可能地挖掘各个参与主体的优势,弥补单一主体的不足,形成优势互补的合作网络,在创新活动中合理分配和使用创新资源,实现创新链和产业链的整体优化。

从历史角度来看,创新链和产业链的融合对生产技术和社会经济的推动不仅在科技领域体现,还在组织管理创新等方面体现,显著提高了生产效率。这种融合主要有两类模式,一类是自动融合模式,另一类是政府主导的主动融合模式。

自动融合模式是在科技和经济发展中自然发生的,例如第一次和第二次科技革命同时也是产业领域的革命,这是创新链和产业链自发融合的最好例子。第二次世界大战以后,各国政府意识到科技创新对国家安全和经济社会发展的重要性,开始主导科技创新并主动推动创新链和产业链的双向融合,政府主导的主动模式成为主流。尤其是 20 世纪后半期以来,政府主导下的创新链和产业链加速融合，创新链的发展延伸到产业链，促进产业模式和结构的加速转型。

从历史发展的趋势来看，政府介入科技领域并主导创新链和产业链的深度融合，是当今世界由地缘政治逐渐步入科技政治时代，世界格局急速变化和国际竞争加剧的必然结果。充分发挥政府的主导作用，加快创新链和产业链的双向深度融合，对于优化国家科技战略布局、推动经济社会发展、增强综合国力和核心竞争力都具有至关重要的作用。

（一）创新链产业链双向融合的影响因素

创新链与产业链的双向融合，需要产学研用各方面共同参与、协同推进，而其中的主体不同，对双链融合的影响也有不同。埃茨科瓦茨（Etzkow-itz）用三螺旋模型（Triple Helix Model，TH）描述政府、企业、大学或科研院所等研究机构在知识经济时代相互作用彼此影响的关系。[①]在社会经济发展中，市场对于创新链和产业链融合的影响属于外因。而企业、大学等归于其双向融合的内因。

1. 内因要素

企业作为国家技术创新体系的重要主体，在创新链中承担中下游环节的新产品或新技术研发以及创新成果的产业化应用推广等活动，对创新成果的产业化、经济化和创新价值的实现具有影响，是创新链与产业链融合的关键环节。大学或科研院所等科研力量在创新链中主要承担创新项目组织和创新活动展开等上游和中游环节的工作。企业面临市场需求，并结合生产过程中的技术和管理需求，是吸引科创主体参与创新活动的内在动力。大学和科研院所具有科创要素集中、科创资源丰富、研发活动密集的特点，对社会生产（包括产业链）形成强大的科技引领和支撑作用。这两类主体之间相互补充

---

① 方卫华. 创新研究的三螺旋模型：概念、结构和公共政策含义 [J]. 自然辩证法研究，2003（11）：69-72，78.

互动，共同构成了推进创新链与产业链双向融合发展的内因要素。然而，由于价值理念和利益立场存在差异，大学和科研院所等科研机构主要由学术驱动和政策驱动，而企业主要由政策驱动和市场驱动。因此，双链融合受到这两类主体的共同影响，并存在一些影响创新链和产业链进一步深入融合的障碍。

2. 外因要素

双链融合的外因要素包括政府和市场的作用。政府在推进产学研结合方面起着宏观引导的角色，主要通过主导创新链和产业链的发展方向与布局来引领并激发双链的相互吸引和趋向。政府通过政策链、资金链、信息链等创新要素和产业要素的流动与配置，间接对大学或科研院所等创新主体以及企业等市场主体产生影响。政府的引导作用可以促使这些主体调整其创新活动和产业活动，从而实现双链融合的效果。

市场是另一个重要的外因要素，通过需求机制、价格机制和竞争机制对创新链和产业链的双向融合产生一种无形但客观存在的影响。市场需求的变化和竞争的加剧会对创新链和产业链的发展产生影响，推动它们相互吸引和趋向。市场机制的运作会促使企业调整创新活动和产业活动，以适应市场需求和竞争环境，从而推动双链融合的进程。

政府和市场的外因作用主要通过创新要素和产业要素的流动与配置来实现，对创新链和产业链的各个主体产生间接影响，促使它们在双链融合的过程中进行调整和协调。

（二）创新链和产业链双向融合的基础机制

创新链和产业链双向融合的基础机制，可以从战略层面、结构层面以及演化发展层面三个角度进行分析，如图3-4所示。

1. 战略层面的融合机制

在战略层面，双链融合机制指的是从国家宏观战略布局的角度来看待创新链和产业链之间的相互融合。政府通过调整宏观科技战略和宏观产业战略布局,从两个方向同时推动创新链与产业链的发展,以促进二者的双向融合。

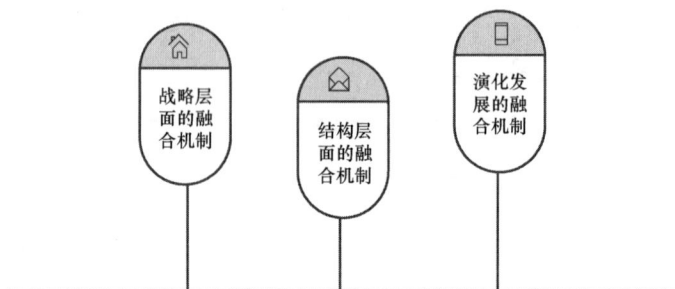

图 3-4　创新链和产业链双向融合的基础机制

围绕产业链部署创新链,意味着推动创新链向产业链方向主动靠拢,注重根据产业发展需求来部署和安排创新链,充分发挥创新链对产业链的科技支撑作用。具体而言,根据不同地区的产业发展需求、产业链各环节的技术需求以及产业链现代化水平的提升需求,相应地部署和安排创新链的任务。在世界科学技术竞争日趋激烈、产业链供应链格局重塑的大背景下,尤其在当前我国产业核心技术尚未完全自主的前提下,充分采取以产业链需求带动创新链安排的发展逻辑,将有限的科技创新资源尽量优先部署在能够直接促进产业技术进步的急需领域,加快实现科技创新链与产业链的深度融合,对于迅速提高国家自主创新能力、解决"卡脖子"的产业技术瓶颈问题非常重要[①]。

产业链对科技创新的需求驱动着创新链的迅速发展转化,进而推动产业链不断升级和重塑,实现双链的深度融合。在围绕创新链布局产业链方面,强调的是科技创新对产业发展的引领作用。国家或地区的产业布局和产业链布局都应按照科技创新的发展趋势和方向展开,以加速科技创新成果尤其是战略性科技创新成果向实际生产力的转化。科学技术不仅要追求发现和追寻真理,还要为生产力进步和产业发展提供高质量的科技供给。这种以科技创新链引领产业链发展的逻辑有利于及时将科技成果的研究价值转化为经济

---

① 刘婧玥,吴维旭. 产业政策视角下创新链产业链融合发展路径和机制研究:以深圳市为例[J]. 科技管理研究,2022(15):106-114.

社会的实际价值，推动科技与经济社会和人类发展的紧密结合，充分发挥科技的第一生产力作用。这种战略布局的逻辑线索是科技进步先引发产品、工艺和产业结构的发展进化，进而推动产业链的变革和产业革命，即通过创新链的可持续发展推动产业链的形成、发展和优化调整。

2. 结构层面的融合机制

从结构层面来看，创新链与产业链的双向融合机制体现在两个方面。一方面，创新链向产业链方向延伸，通过要素整合和成果应用环节与产业链相互衔接，包括产业技术改进、升级甚至产业链的重塑。另一方面，产业链向创新链方向延伸，受市场机制等因素的影响，产业链上的主体对创新活动产生需求，并推动甚至直接参与创新活动，或者在应用过程中提出问题和新需求，反馈给创新链，促进创新活动的调整、改进和深化。如图 3-5 所示。

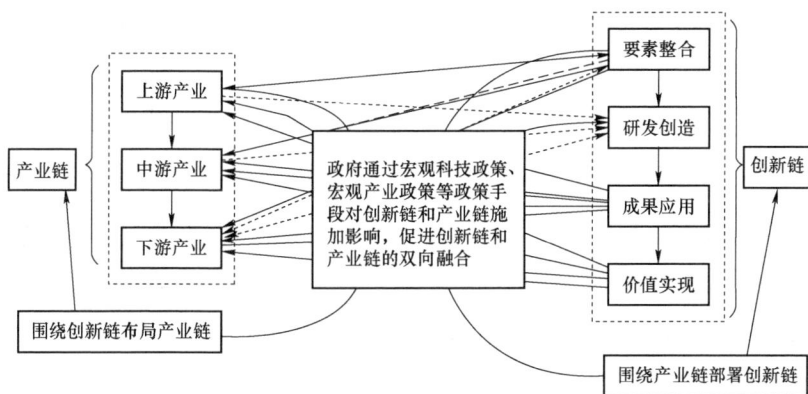

图 3-5　结构层面融合机制

政府在创新链与产业链双向融合中扮演着主导作用。通过制定和实施科技政策、产业政策、人才政策、投融资政策和信息政策等各种政策，政府影响着创新要素和产业要素的流动和配置，对双链的双向融合产生重要影响。科技领军企业主导的创新链与产业链融合程度通常较高，而其他主体主导的创新链与产业链的融合情况与创新链的主导环节相关。

基础科学方面的理论创新和制度创新与产业链的融合速度可能较慢，但影响更深远，倾向于引领产业技术升级和产业管理制度变革。应用性工程技术、生产技术和工艺创新对产业链的影响更为直接快捷，由技术升级驱动产业变革，再由产业发展产生新的技术需求，形成产业革新和科技创新相互推动的双链融合互动。组织管理创新则兼具两种情况。结构层面的融合机制涉及创新链与产业链的相互延伸和互动，政府的主导作用以及不同类型的创新对产业链的影响方式和程度。

3. 演化发展的融合机制

创新链与产业链的双向融合是一个动态演化的过程，而且在互动中形成了动态的双向融合机制。这种动态机制是在政府引导和市场配置等驱动机制的作用下，由创新链的科创要素和产业链的生产要素共同构建起来的。政府的政策导向、市场需求和创新利益分配机制等因素是推动双链双向融合的动力，它们引导人才、技术和资金等各种要素资源在创新链和产业链的各个环节中流动和得到合理配置。

同时，双链在双向融合过程中形成了多种要素链，如政策链、资金链、人才链和信息链等。这些要素链相互交织、相互作用、相互影响。人才是技术的基础，而人才和技术价值的实现则需要政策和资金的支持，同时也受信息链的畅通与否的影响。而资金的回报则取决于创新成果的产业化、市场化和经济化程度。因此，这些要素链的相互作用对双链在融合过程中的演化和发展起着重要作用。

在多重创新链和多重产业链的网状交织作用下，形成了相应产业的创新生态，以及整个社会生产领域的创新生态。而这种创新生态在演化发展中又成为影响双链双向融合的外部环境因素，并反过来对双链的融合产生影响。

创新链与产业链的融合机制是一个不断演化发展的过程，受政府引导和市场推动的动态机制驱动，同时受多个要素链的相互作用和创新生态的影响。这种演化发展的融合机制促进了双链在不断接续融合中进一步发展，并在整个社会生产领域形成了动态的多重互反关系。

第三节　转化途径与模式选择

一、主体主导型

根据科技成果转移转化系统的四大核心主体的能级和影响力不同，可以分为产业链主导型、创新链主导型、中介平台主导型和政府推动型，如图 3-6 所示。

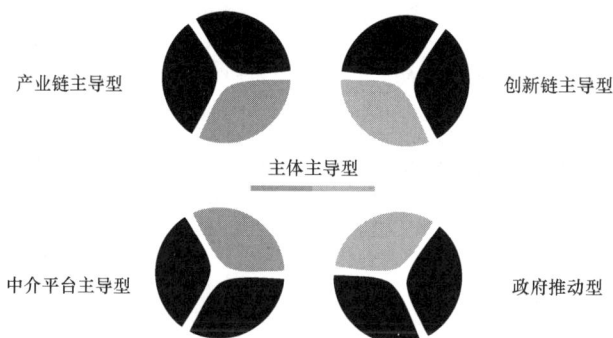

图 3-6　转化主体的分类

（一）产业链主导型

产业链主导型科技成果转化路径的主要特征是以市场和产业链上的企业为主导。在这种路径中，企业扮演着关键的角色，具有较强的资源整合能力和市场影响力。它们通常通过自身的研发能力、技术创新和市场需求的理解，推动科技成果在产业链中的转化和应用。

一方面，企业可以通过建立自己的研发机构或与外部科研机构进行合作，获取具有潜在商业价值的科技成果。这样的合作可以帮助企业实现技术突破、创新产品和解决行业痛点，从而在市场竞争中获得优势。

另一方面，企业对市场需求和技术趋势有着深入的理解，能够将科技成果转化为符合市场需求的产品或服务。企业在市场营销、渠道拓展、品牌建设等方面具备较强的能力，可以有效推广和应用科技成果，实现商业化成功。

苹果公司是一个典型的产业链主导型科技成果转化案例。苹果以其强大的研发实力和市场影响力，成功将科技成果转化为众多热门产品，如 iPhone、iPad 等。苹果公司通过自身的技术创新和产品设计能力，抓住消费者对高品质、易用性和创新性的需求，推出了引领市场潮流的产品。同时，苹果与供应商、科研机构等合作，共同推动科技成果的转化和应用，形成了具有全球影响力的产业链。

产业链主导型科技成果转化路径的优势在于市场导向和商业化能力的强大。企业作为主导者，能够直接对接市场需求，将科技成果转化为有商业价值的产品或服务。然而，这种路径也面临着一些挑战，如市场风险、技术难度和竞争压力等。在实施产业链主导型科技成果转化时，需要企业具备创新能力、市场洞察力和风险管理能力，同时与科研机构、供应商等建立紧密合作，实现持续创新和商业成功。

（二）创新链主导型

创新链主导型科技成果转化路径的主要特征是以科研机构、高等院校等创新主体为主导。这些机构通常具备较强的科研能力、技术积累和创新资源，能够在科技成果的研发和技术突破中发挥关键作用。科研机构通过自身的科研活动和创新实践，产出具有商业化潜力的科技成果，然后通过技术许可、技术转让等方式，将科技成果转化为实际的产品或服务。

创新链主导型科技成果转化路径强调科研机构在科技创新和成果转化中的主导地位。由于科研机构在科技前沿和技术趋势方面具有深入的理解，他们能够保持科技成果的先进性和技术价值，并将其转化为实际应用的产品或服务。科研机构通常拥有专业的研究团队、实验室设施和科研经费等资源，能够开展具有高风险和高技术含量的创新研究，推动科技成果的出现和进步。

美国的麻省理工学院（MIT）作为世界顶尖的科研机构之一，通过其强大的科研能力和创新实践，不断产出具有重要商业价值的科技成果。麻省理工学院的技术许可办公室负责管理和转化这些科技成果，通过技术转让和与产业界的合作，将科技成果应用于实际生产和市场需求中，为社会带来了巨大的经济和社会价值。

创新链主导型科技成果转化路径的优势在于科研机构对科技创新的驱动和技术优势的充分发挥。科研机构在科研领域拥有专业知识和研究设施，能够进行前沿性的科学研究和技术探索，从而产出具有创新性和商业化潜力的科技成果。此外，科研机构也具备保护知识产权和进行技术转让的能力，能够将科技成果有效地转化为商业化的产品或服务，推动产业的发展和经济的增长。

在实施创新链主导型科技成果转化时，需要科研机构具备创新能力、技术转化能力和商业意识，与产业界建立紧密的合作关系，实现科研创新和经济效益的有机结合。

（三）中介平台主导型

中介平台主导型科技成果转移转化路径的主要特征是以技术转移机构、创新孵化平台等中介机构为主导。这些中介机构通常具备较强的资源整合能力和协调能力，能够在科技成果转化过程中发挥桥梁和纽带的作用。中介机构通过搭建技术转移平台、创新孵化器等平台，整合科研机构和企业的资源，促进科技成果的转移和转化。

中介平台主导型科技成果转化路径强调中介机构在科技成果转化中的协调和服务功能。中介机构通过提供技术评估、市场研究、创新咨询等服务，帮助科研机构和企业解决科技成果转化中的各种问题，提升科技成果转化的效率和成功率。中介机构在科技成果的评估、市场开发、商业化策略等方面具有丰富的经验和专业知识，能够为科研机构和企业提供全方位的支持和指导，帮助科技成果顺利转化为市场可行的产品或服务。

作为中国著名的科技园区，中关村科技园区通过搭建技术交易平台、孵化器等机制，积极推动科技成果的转化和商业化。中关村科技园区通过资源整合和协调，促进科研机构与企业之间的合作和交流，推动科技成果在产业中的应用和推广。中关村科技园区的成功经验表明，中介平台主导型科技成果转化路径能够发挥中介机构的优势，加强科研机构和企业之间的合作。

中介平台主导型科技成果转化路径的优势在于能够整合科研机构和企业的资源，提供全方位的服务和支持，帮助科技成果在市场中得到更好的应用和推广。中介机构作为桥梁和纽带，能够协调各方利益，促进科技成果转化的顺利进行。此外，中介平台还能够提供专业的技术评估、市场研究和商业化策略等支持，帮助科研机构和企业解决转化过程中的难题，提高转化的成功率。

在实施中介平台主导型科技成果转化时，需要中介机构具备资源整合、协调和服务能力，与科研机构和企业建立良好的合作关系，形成有利于科技成果转化的生态系统，从而更好地推动科技成果的转化和商业化进程。

（四）政府推动型

政府推动型科技成果转移转化路径的主要特征是以政府为主导。政府在此路径中通过政策引导和公共服务的方式促进科技成果的转化和应用。政府的主导作用体现在两个方面：一是通过设立科技成果转化基金等财政支持措施，为科技成果的转化提供资金支持；二是通过设立科技成果转化服务平台等公共服务机构，提供科技成果转化过程中的信息咨询、技术支持、市场对接等服务。

政府推动型科技成果转化路径强调政府在科技成果转化中的引导和推动作用。政府通过制定科技政策，设定科技发展目标，为科研机构和企业提供明确的方向和框架。政府还通过设立科技成果转化基金，提供资金支持和激励措施，鼓励科研机构和企业积极投入科技成果的转化和应用。此外，政府还通过搭建科技成果转化服务平台，提供科技成果的评估、技术支持、市场对接等公共服务，帮助科研机构和企业解决科技成果转化过程中的问题和困难。

典型案例是新加坡政府。新加坡政府高度重视科技创新和成果转化，在推动科技成果转化方面发挥了积极的作用。政府设立了科技创新基金，为科技成果的转化提供财政支持，同时，政府通过搭建科技创新服务平台，为科研机构和企业提供全方位的支持和服务，推动科技成果的转化和商业化进程。这些政府推动措施有效地促进了科技成果的转化，为新加坡的科技进步和经济发展作出了重要贡献。

政府推动型科技成果转化路径的优势在于政府具备资源整合和政策引导的能力，能够通过财政支持和公共服务等手段，为科技成果的转化提供必要的支持和保障。政府作为中立的第三方，促进科技成果在市场中的有效应用。此外，政府还能够通过科技政策的制定和目标的设定，引导和推动科研机构和企业的科技创新和成果转化。

二、双向融合型

（一）双链多元融合，构建新型产业分工体系

创新链是从基础研究到产品研发的全过程，而产业链是从原材料采购到产品销售的全过程。创新和产业不应该是分离的两个过程，而应该是一个紧密相连的有机体系。为了实现这种有机融合，企业需要在整个创新和产业过程中寻找连接点，例如在研发和生产环节中建立协同机制，或者在市场推广环节中注入创新元素。这样可以实现技术创新与市场需求的高度对接，从而提升企业的竞争力。

在实际操作中，多元融合路径可以采取多种形式，例如：

1. 创新链与产业链的合作创新

创新链中的科研机构、高校和科技企业可以与产业链中的企业展开合作

创新。通过联合研发、技术转让、共享研发平台等方式，将创新链中的科技成果与产业链中的实际应用需求结合起来，促进科技成果的转化和应用。

2. 创新链向产业链延伸

创新链可以通过设立科技孵化器、创业加速器等机构，将科技成果孵化为创业项目，进而与产业链中的企业合作。通过创新链向产业链的延伸，可以将创新成果更好地应用于产业链中的产品研发、生产制造等环节，推动产业的优化升级。

3. 产业链向创新链延伸

产业链中的企业可以通过与创新链中的科研机构、高校等进行合作，引入创新资源和科技支持。通过向创新链的延伸，产业链中的企业可以获取更多的前沿技术和创新成果，提升产品的竞争力和附加值。

结合创新链和产业链的多元融合路径，可以实现资源的优化配置和协同创新。创新链中的科研机构和高校拥有丰富的科研资源和技术实力，可以为产业链提供技术支持和创新成果；而产业链中的企业则具有市场需求和实际应用场景，可以为创新链提供实践基础和反馈机制。通过优化资源配置和协同创新，可以提高科技成果的转化效率，实现创新链和产业链的良性互动。围绕创新链布局产业链，还可以构建新型的产业分工体系。这种分工体系能够最大程度地发挥每个环节的优势，提高工作效率，从而更好地推动科技成果的转化。

（二）以产业链部署创新链，聚焦重点专业领域开展关键技术攻关

产业链作为科技创新的应用场景，反映了产业发展的需求和问题痛点。通过围绕产业链部署创新链，可以更好地聚焦于满足产业链的需求，解决产业链的技术难题。通过深入了解产业链的特点和发展趋势，创新链可以有针对性地开展关键技术攻关，提供切实可行的解决方案。在围绕产业链部署创新链的过程中，可以选择重点专业领域进行深入研究和技术攻关。通过明确

定位和聚焦，可以集中资源和精力，深入挖掘该领域的技术创新潜力。这种聚焦和深耕的方式有助于形成独特的创新优势，并推动该领域的科技发展和产业升级。

关键技术是支撑产业链发展的基础和关键因素，攻克关键技术问题对于产业链的竞争力和创新能力至关重要。重点在关键技术上进行攻关，有助于解决技术瓶颈，推动产业链的技术升级和创新突破。通过深入研究和攻关，创新链可以提供具有竞争力的关键技术解决方案，为产业链的发展提供强大的支撑。

强调的是创新链与产业链的协同合作。创新链中的科研机构、高校和科技企业可以与产业链中的企业进行紧密合作，形成技术需求与技术供给的良性互动。通过建立联合研发平台、合作创新项目等合作模式，加强创新链与产业链的衔接，可以实现技术转移、技术共享和创新资源的共享，进一步推动关键技术的攻关和应用。

（三）以创新型融合，实现创新链和产业链的超常规发展

创新链和产业链的融合是为了更好地将科技创新与实际应用相结合，推动科技成果的转化和产业的发展。

1. 紧密结合产业需求

创新链应该密切关注产业链的需求，从产业发展的痛点和问题入手，聚焦于解决关键技术和瓶颈问题。通过深入了解产业链的特点和趋势，创新链可以更加精准地开展研发，为产业链提供具有实际应用价值的创新成果。

2. 强化科技与产业的协同创新

创新链和产业链之间应该建立紧密的合作关系，通过共同研发、技术转移、共享实验室等方式，实现科技与产业的深度融合。这样的协同创新模式能够加快科技成果的转化速度，使科技成果更好地满足产业链的需求。

3. 推动资源的共享与整合

创新链和产业链应该共享和整合资源，形成协同效应。创新链可以提供技术研发、成果孵化等方面的资源支持，产业链可以提供市场需求、产品研发、生产制造等方面的资源支持。通过资源的共享与整合，可以提高创新链和产业链的工作效率，加快科技成果的推广和应用。

4. 建立开放创新平台

创新链和产业链可以共同建立开放的创新平台，吸引更多的创新者和企业参与其中。这样的平台可以促进创新链和产业链之间的交流与合作，为创新和应用提供更广阔的发展空间。同时，开放创新平台还可以促进创新资源的集聚和创新生态的形成。

通过创新性融合，进而实现创新链和产业链的紧密结合，促进科技成果的快速转化和产业的优化升级。这样的发展模式将推动经济的创新发展，提升产业竞争力，实现可持续发展。

三、机制创新型

科技成果转化中的机制创新型，主要聚焦于对转化过程中的体制、政策、市场和社会环境等关键环节进行有效创新，以解决制约科技成果转化的体制和机制性障碍，进一步形成更有利于科技成果转移转化的环境，推动创新链和产业链的良性发展和融合。

（一）政策导向的机制创新

科技成果转化需要政府的引导和支持，构建有利于科技成果转化的服务体系和扶持政策是关键。例如，通过实施财税和金融扶持政策，为科技成果转化提供资金支持；通过建立科技成果转化信息发布系统，帮助高校和企业获取最新的科技成果转化信息；通过设立风险投资支撑体系，为科技成果转化提供必要的风险评估和管理服务。这些都是政策导向的机制创新。

（二）市场导向的机制创新

市场导向的机制创新是针对科技成果转化中的市场需求，通过创新的方式和机制，实现科技成果的有效转化。可以与企业建立共同发展的合作关系，通过技术转移、合作研发等方式，促进双方在科技成果转化中的合作和协同创新。可以兴办高科技产业，积极培育和支持科技成果的产业化，推动科技成果从实验室走向市场，增加科技成果转化的机会和渠道。市场导向的机制创新能够更好地满足市场需求，加速科技成果的推广应用，推动创新链和产业链的有效衔接。

（三）高效管理的机制创新

高效管理的机制创新是通过改革和创新管理机制，为科技成果转化提供高效运作的保障。在科技成果转化过程中，建立知识产权作为无形资产的评估机制，对科技成果的经济性、适用性和前景进行权威评估，为科技成果的转化提供参考和依据。通过混合所有制改革，激发科技人员转化成果的内在动力，鼓励科研人员积极参与科技成果的商业化和产业化过程。同时建立有效的人才竞争和激励机制，提供激励政策和支持措施，吸引和留住优秀的科研人员参与科技成果的转化工作。高效管理的机制创新能够提升科技成果转化的效率和质量，推动创新链和产业链的良性互动。

科技成果转化中的机制创新型主要通过政策导向、市场导向和高效管理三个方向进行深入创新，旨在打破制约科技成果转化的各种障碍，形成有利于科技成果转化的环境，促进创新链和产业链的良性发展和融合。这是一个复杂而系统的过程，需要政府、企业和社会的共同努力和协作。

第四章 科技成果转化的实施与管理

第一节 项目筛选与评估

科技成果转化的项目筛选与评估是确保转化效果的首要步骤,这一过程主要涉及到项目筛选的标准与方法、项目评估的重要性与方式,以及筛选与评估的关系。

一、项目筛选的标准与方法

项目筛选的标准与方法是科技成果转化过程中确保转化效果的重要环节。在项目筛选中,通过制订适当的标准和采用相应的方法,可以筛选出具有较高科技含量、良好市场前景、较高转化潜力和强团队实力的项目。

(一)项目筛选的标准

1. 科技含量标准

科技含量是评估科技成果转化项目的重要指标之一。项目筛选时,需要考虑科技成果的创新性、前瞻性和技术水平。

(1)创新性

创新性是评估科技成果的独特性和解决问题能力的标准。科技成果在技术上具有独特的特点,与已有技术或产品有所区别。科技成果能够有效解决实际问题或满足市场需求。以机器学习领域为例,深度学习算法的出现是一种具有创新性的科技成果。相比传统的机器学习算法，深度学习算法通过模拟人脑神经网络的方式，实现了更高层次的特征提取和数据处理能力，大大提升了在图像识别、自然语言处理等领域的性能。

（2）前瞻性

前瞻性是评估科技成果是否能够满足未来市场需求和发展趋势的标准。前瞻性要求能适应市场需求，即科技成果能够满足未来市场的需求，具备广阔的应用前景。并且科技成果符合当前技术发展的趋势，并具备良好的应用潜力。以智能交通领域为例，自动驾驶技术是一种具有较高前瞻性的科技成果。随着人工智能和传感器技术的发展，自动驾驶技术有望在未来改变交通方式，提高交通安全性和效率。

（3）技术水平

技术水平是评估科技成果在技术上的优势和竞争力的标准。科技成果涉及的核心技术在国内外处于领先地位，具备一定的技术壁垒。科技成果拥有相关的专利技术和知识产权保护，能够在市场上取得竞争优势。以人工智能领域为例，语音识别技术是一种具有较高技术水平的科技成果。在语音识别领域，一些公司通过独特的算法和大量的训练数据取得了技术上的突破，使得其语音识别系统在准确性和鲁棒性方面具有竞争优势。

2. 市场前景标准

市场前景的评估是通过对科技成果所面向的市场进行综合分析和研究，以了解市场的规模、需求、竞争情况以及潜在的商业机会，从而评估科技成果在市场上的前景和可行性。市场前景的良好性对于科技成果的转化成功和商业化发展至关重要。

（1）市场规模

评估科技成果所面向市场的规模是判断市场前景的重要指标之一。通过了解市场的规模和潜在增长趋势，可以判断科技成果是否具备足够的市场容量和发展空间。市场规模的评估可以通过相关统计数据、市场报告和行业分析等方法进行。

以电动汽车市场为例，未来几年电动汽车市场将继续增长，全球市场规模有望达到数百亿美元。对于一项与电动汽车充电技术相关的科技成果而言，它将面对一个庞大且不断增长的市场，具备良好的市场规模前景。

（2）市场需求

了解市场的需求情况，包括目标用户的需求、痛点和趋势，可以判断科技成果是否能够满足市场的实际需求。市场需求的评估可以通过市场调研、用户调查和需求分析等方法进行。以智能家居市场为例，随着人们对便利性和舒适度的追求，智能家居产品的需求逐渐增长。一个与智能家居相关的科技成果，如智能语音助手，可以满足用户对智能家居控制和互动的需求，具备良好的市场需求前景。

（3）竞争情况

评估市场前景时，需要考虑竞争情况。了解市场上的竞争对手、其产品和市场份额等信息，可以评估科技成果在竞争环境中的优势和潜在竞争力。同时，也需要考虑科技成果是否具备差异化和创新性，以应对竞争挑战。

以人工智能领域的语音助手市场为例，市场上已经存在苹果的 Siri、亚马逊的 Alexa 和谷歌的 Google Assistant 等强大的竞争对手。因此，如果一个新型语音助手科技成果能够提供独特的功能或具备更高的语音识别准确性，就能在竞争中脱颖而出，具备良好的市场前景。

综合考虑市场规模、市场需求和竞争情况等因素，可以全面评估科技成果在市场上的前景和商业可行性，为项目筛选提供有力的依据。

3. 转化潜力标准

转化潜力评估是通过对科技成果转化为实际产品或服务的可能性和条件进行综合分析和研究，以判断科技成果转化为商业价值的可能性和概率。

（1）转化可能性

评估科技成果转化为实际产品或服务的可能性是转化潜力评估的核心。

需要考虑技术的成熟度、实际应用的可行性以及所需的进一步研发和工程化工作。如果科技成果能够较容易地转化为实际应用，并且已经具备相应的技术基础，那么它具备较高的转化可能性。以新药物研发为例，如果一项科技成果是一种已经通过临床试验并获得批准上市的新药物，那么它的转化可能性较高，因为它已经完成了从科研到实际应用的转化过程。

（2）转化路径

需要明确科技成果转化所需的关键步骤、技术需求、合作伙伴和资源投入等方面。转化路径的清晰性和可行性对于科技成果转化的成功具有重要影响。以新能源技术为例，如果一个科技成果是一种新型的太阳能发电技术，但其转化路径中需要大规模的生产设备和资金投入，以及与能源公司的合作伙伴关系建立，那么其转化路径可能相对复杂，需要充分评估转化的可行性。

（3）技术难度

需要考虑科技成果在工程化、生产和市场应用过程中所面临的技术挑战和难题。如果科技成果的技术难度较低，能够相对容易地解决相关技术问题，那么其转化潜力较高。以人工智能领域为例，如果一个科技成果是一种新型的机器学习算法，但其算法复杂度较高，对计算资源和训练数据的需求较大，那么在转化过程中可能面临技术上的困难，需要充分评估技术难度对转化的影响。

（4）市场接受程度

需要了解市场对于类似产品或服务的需求程度、竞争态势以及潜在用户的接受程度。如果市场对于科技成果所提供的产品或服务有较高的需求和接受度，那么它具备较高的转化潜力。以虚拟现实技术为例，如果一个科技成果是一种新型的虚拟现实设备，而市场对于虚拟现实技术的需求正在快速增长，并且目前市场上没有类似产品的竞争对手，那么该科技成果具备较高的市场接受程度和转化潜力。

综合评估转化可能性、转化路径、技术难度和市场接受程度等因素，可以综合判断科技成果的转化潜力，为项目筛选提供重要依据。

4. 团队实力标准

团队实力评估是通过对科技成果所涉及团队的专业背景、科研经验、管理能力和创新能力等方面进行综合分析和研究，以判断团队是否具备推动科技成果转化的能力和资源，从而提高项目的成功概率。

（1）专业背景

团队成员应具备与科技成果相关的学科背景和专业知识。例如，在生物医药领域的科技成果转化项目中，团队成员应包括医学、药学、生物学等相关专业的专家。

（2）科研经验

团队成员应具备丰富的科研经验和技术实践能力，能够独立进行科研工作和解决技术难题。科研经验的充足与否直接影响团队在科技成果转化过程中的技术支持和解决方案的提供能力。

（3）管理能力

评估团队成员的管理能力是判断团队实力的重要依据之一。团队应具备良好的项目管理能力，包括规划、组织、协调和执行等方面的能力。在科技成果转化项目中，团队需要合理分配资源、管理进度和风险，以确保项目的顺利推进。

（4）创新能力

团队成员应具备创新思维和创新方法，能够在科技成果转化过程中提出新颖的商业模式、产品设计或服务方案。创新能力的强弱直接影响团队在市场竞争中的差异化优势和创新驱动能力。

通过评估团队成员的专业背景、科研经验、管理能力和创新能力等方面，可以综合判断团队的实力和能力，从而提高科技成果转化项目的可行性和成功概率。

（二）项目筛选的方法

在科技成果转化项目的筛选中，可以综合运用评分法、权重法和比较法等多种定性和定量的评价方法，以全面、多角度地评估不同项目的科技含量、市场前景、转化潜力和团队实力等因素。这些方法的运用有助于提高筛选过程的准确性和科学性，帮助决策者做出基于实际情况和数据的决策，从而选择最具转化潜力的科技成果转化项目。

1. 评分法

评分法是一种常用的定性评价方法，它通过为不同项目的各个评价指标设定权重，并对每个指标进行打分，最后加权计算得出综合评分。在科技成果转化中，评分法可以用于综合评估项目的科技含量、市场前景、转化潜力和团队实力等因素。通过设定合理的权重和打分标准，评分法能够帮助决策者更客观地比较不同项目的优劣，并为项目筛选提供参考依据。

2. 权重法

权重法是一种将不同指标的重要性通过设定权重来体现的评价方法。权重法可以用于确定不同评价指标的相对重要性，从而更准确地评估项目的转化潜力。通过权重法，可以将决策者的主观判断与客观数据相结合，提高评估结果的准确性和可靠性。

3. 比较法

比较法是一种将不同项目进行对比和比较的评价方法。比较法可以通过对不同项目的关键指标进行对比，分析其优劣势和差异性。通过比较法，可以帮助决策者更好地理解不同项目的特点和优势，并从中选择具有较高转化潜力和可行性的项目。

二、项目评估的重要性与方式

项目评估在科技成果转化中具有重要性,它是帮助公司全面了解项目的价值和潜力,以及评估项目是否符合公司战略和目标的关键环节。

(一)项目评估的重要性

通过项目评估,可以对科技成果的技术含量、创新性和商业化潜力进行综合评估。这有助于确定项目的真实价值,包括其在市场上的竞争优势、技术可行性和商业可行性,从而提供决策依据。项目评估可以通过市场调研、商业模型分析等方法,预测项目的预期收益和经济效益。这有助于评估项目的盈利潜力、回报周期和投资回报率,为决策者提供重要的商业决策依据。

项目评估还可以识别和评估项目可能面临的风险和挑战。这包括市场风险、技术风险、法律和知识产权风险等。通过评估项目的风险因素,可以制定相应的风险管理策略,降低项目的不确定性和风险程度。项目评估提供了客观、系统的信息和数据,为决策者提供科学依据,帮助他们做出明智的决策。评估结果可以帮助决策者了解项目的优势和劣势,充分考虑市场需求和商业前景,从而做出正确的项目选择和战略决策。

(二)常用的项目评估方式

在科技成果转化的实施与管理中,有效的项目评估方式包括商业评估、技术评估、市场评估和财务评估,每种方式都有其独特的侧重点,互相配合,共同保证项目的全面评估。

1. 商业评估

关注于项目的商业可行性,它涵盖了市场调研、竞争分析、商业模型设计和商业价值评估等方面。这种评估方式主要是为了理解项目的市场竞争力、商业潜力和可能的市场规模。通过市场调研,可以了解市场上现有的需求和供应情况；竞争分析则能揭示项目在同类产品或服务中的位置；通过商业模型设计，可以预见项目的营收和利润情况；而商业价值评估，则是对以上所有因素的综合评价，从而理解项目的整体商业价值。

2. 技术评估

聚焦于项目的技术可行性和创新性。项目的技术方案评估可以提供对项目技术成熟度和技术风险的认识；技术验证则是对技术的实际效果进行检验；技术难题的解决方案则提供了解决项目中可能出现的技术问题的方法。这种评估方式使项目在实施过程中能更有效地解决技术难题，同时也有助于评估项目的技术创新性。

3. 市场评估

主要关注项目的市场需求和市场前景。这种评估方式通过市场规模估计、市场趋势分析、目标客户分析等方法，评估项目在目标市场上的潜在机会和市场接受度。市场规模估计可以提供项目可能达到的市场规模；市场趋势分析则能帮助理解市场的发展趋势，预测项目的未来发展情况；而目标客户分析则是对项目可能的用户进行研究，了解他们的需求和反馈。

4. 财务评估

集中在项目的财务可行性和投资回报。项目成本估计、收益预测和投资回报率计算是这种评估方式的主要部分。项目成本估计是对项目实施所需的全部费用进行预估；收益预测则是对项目可能产生的全部收益进行预估；投资回报率计算则是综合以上因素，评估项目的投资价值。这种评估方式能有效地理解项目的经济效益，帮助决策者做出投资决定。

三、项目筛选和评估的关系

筛选和评估在科技成果转化中的关系密切，它们相互依存、相互促进。在项目筛选阶段，通过对候选项目的初步评估，公司能够确定哪些项目具有较高的潜力和可行性，进入后续的深入评估阶段。筛选为评估提供了前提和初步的筛选结果。而在项目评估阶段，公司通过对候选项目进行更全面、深入的分析和研究，评估项目的技术可行性、商业前景、市场需求等方面的优劣。评估为筛选提供了更多关键信息和数据，帮助公司确定哪些项目具备最高的转化潜力和商业化价值。筛选和评估相互调整和优化，信息的交流和反馈使得这两个环节相互影响，确保筛选和评估的最佳平衡点。通过合理整合和协调筛选与评估的过程，公司能够识别和选择具有市场竞争力和商业化潜力的科技成果，减少投资风险，提高科技成果转化的成功率。

筛选和评估在科技成果转化中发挥着重要的作用。筛选阶段通过初步评估，帮助公司确定最有潜力的项目，减少资源的浪费。评估阶段通过深入研究和综合评估，帮助公司全面了解项目的真实价值、预期收益和可能面临的风险。筛选和评估相互促进、相互辅助，确保科技成果转化过程中的质量和可行性。这两个环节的紧密结合可以帮助公司识别和选择最具潜力的科技成果，推动其转化为商业化成功。筛选和评估的合理整合和协调是取得成功的关键，有助于实现科技成果的最大化商业化价值。

第二节　转化过程的管理与监控

管理和监控是科技成果转化过程中的重要环节，它们可以确保项目顺利进行，并且能够按照预定的计划和目标进行。

一、管理科技成果转化的过程

科技成果转化的过程管理是确保科技成果成功转化的关键要素之一。这一过程的管理涵盖了科技成果转化的各个阶段，包括项目筛选与评估、项目设计与实施以及项目完成与效果反馈等环节。有效的过程管理能够帮助项目管理者充分利用资源、控制进度、提高效率，从而确保科技成果能够顺利转化为具有商业价值的实际成果。

在项目筛选与评估阶段,管理者需要制定清晰的筛选标准和评估方法,以确保选取具有市场前景和可行性的科技成果项目。他们需要建立科学的评估模型,组织专业的评审团队,并依据评估结果做出明智的决策。通过科学的筛选和评估,可以避免投入过多资源和时间到具有较低转化潜力的项目中,提高项目成功的可能性。

在项目设计与实施阶段,管理者需要制订详细的项目计划,包括资源分配、人员安排和进度控制等。他们需要运用项目管理方法和工具,如项目管理三角和甘特图等,来确保项目按计划有序进行。管理者还需要注重团队协作,促进团队成员之间的沟通与协作,以保证项目的高效执行。

项目完成与效果反馈阶段,管理者需要对项目进行总结和评价,以及总结经验和教训,并将其反馈到未来项目中。这有助于改进管理方法和流程,提升项目的成功率和效果。管理者还需要关注项目的可持续发展,探索进一步推动科技成果转化的机会和挑战,以促进公司的持续创新和发展。

除了阶段性的管理任务,科技成果转化的过程管理还包括跨阶段的任务,如团队协作、人力资源管理和财务管理等。这些任务的有效管理对于项目的顺利进行和成功实施同样至关重要。管理者需要合理配置和管理团队资源,确保团队成员之间的良好协作与沟通,以及合理管理项目的财务资源,确保项目的可持续性和稳定性。

通过科学、细致和全面的管理,管理者可以有效地组织和推动科技成果的转化过程,提高项目的成功率和成果的商业化价值。在整个过程中,管理者需要灵活应用各种项目管理方法和工具,并注重团队协作和持续改进,以实现科技成果的最大化商业化价值和持续创新发展。

二、监控科技成果转化的方法

在科技成果转化的过程中,监控是确保项目顺利进行和达到预期目标的重要手段。有效的监控可以帮助管理者及时了解项目的进展情况、发现潜在问题和风险，并采取相应的措施进行调整和解决。

一种有效的监控方法是设定和跟踪关键绩效指标。关键绩效指标可以是项目的关键目标、质量标准、进度要求等，通过定期收集和分析数据，可以直观地了解项目的实际情况，判断是否达到预期目标。例如，对于科技成果转化项目，关键绩效指标可以包括项目的技术成果水平、市场推广效果、商业化收益等。通过跟踪这些指标，管理者可以及时发现项目中存在的问题，并及时采取措施进行调整和改进。

定期的项目评审和审计也是重要的监控方式。项目评审是由项目管理团队和相关利益相关者参与的定期会议，旨在全面评估项目的进展、问题和挑战。通过项目评审，可以检查项目是否按计划进行、达到预期目标，并及时发现和解决存在的问题。审计则是更加系统和全面地评估项目管理的合规性和有效性，它可以揭示项目管理中的潜在风险、问题和改进的机会。

另一个重要的监控方面是风险管理。科技成果转化项目面临着多种风险，如技术风险、市场风险、管理风险等。风险管理的目标是识别、评估和控制这些风险，以减少其对项目的负面影响。风险识别和评估可以通过风险工作坊、风险评估表等工具进行，通过多方参与和专业分析，确定项目面临的风险及其潜在影响。然后，制定和实施相应的风险应对策略，以最大限度地减少风险的发生和影响。

科技成果转化的监控是一个复杂而关键的任务。它需要管理者运用合适的方法和工具，定期收集和分析数据，确保项目按计划顺利进行，并及时发现和解决存在的问题和风险。通过有效的监控，可以提高项目的成功率、减少项目风险，并为科技成果的商业化和市场推广奠定基础。

三、管理与监控的平衡

在管理与监控的平衡在科技成果转化项目中至关重要。管理和监控是相辅相成的，有效的平衡可以确保项目在规定的目标和时间内顺利进行，并及时发现和解决问题。其具体做法如图 4-1 所示。

图 4-1　管理和监控的平衡措施

（一）以目标为导向

项目管理者应该明确项目的目标，并将其与团队成员共享，以确保大家都明白自己的工作如何与整个项目的目标相一致。这有助于团队保持专注和动力，并使管理和监控的活动更具针对性和有效性。

（二）根据项目特性和团队需求调整管理和监控

管理者需要根据项目的特性和团队的需求，灵活地调整管理和监控的方式和强度。不同项目可能需要不同程度的管理和监控。对于技术难度较高的项目，管理者可能需要更多地参与和提供技术指导，以确保技术问题得到及时解决。而对于创新性较强的项目，管理者可能需要给予团队更多的自由度和创新空间，以激发团队成员的创造力和创新思维。

（三）相互协调和平衡

管理者应该通过适当的管理活动来促进团队的协作和高效工作，同时保持对项目进展的监控。监控的目的是及时发现项目中的问题和风险，并采取适当的措施进行调整和解决。管理和监控相互促进，相互补充，以确保项目按计划和预期顺利进行。

（四）过程的持续性

在整个科技成果转化项目的生命周期中，管理和监控需要随着项目的进展和环境的变化进行调整和优化。这意味着管理者需要保持敏感性，随时关注项目的变化和挑战，并相应地调整管理和监控策略。持续的管理和监控可以提高项目的灵活性和应变能力，使项目能够适应变化和不断提升。

管理与监控的平衡是一个复杂而关键的任务。管理者需要根据项目特点、团队需求和目标要求，灵活地调整管理和监控的方式和强度，以确保项目顺利进行并达到预期目标。通过有效的平衡，可以提高项目的成功率和效率，促进科技成果的转化和商业化。

第三节　风险防范与应对策略

一、科技成果转化的风险类型

（一）技术成果不成熟风险

科研成果的创新性和先进性表现在不仅在理论上提出了新的思想，也在与现有社会生产力的比较中，在技术价值和技术水平上取得了新的提高。为了达到"可转化"的条件，科研成果还需要进行适应性的改进工作，以满足实用性、实施条件和社会需求等应用推广方面的要求。这种改进工作以技术成果是否成熟为标志。因此，科技成果的成熟度对转化的成功与否起着决定性的作用，如果成果的成熟度不足，就可能导致转化失败，产生资金损失的风险，成熟度高的科研成果可以有效规避转化失败和资金损失的风险。

（二）科研成果资产定性风险

科研成果作为无形资产，其价值的核心在于人的智慧成本，而这种价值具有高度的不确定性，很难量化。然而，具备可转化功能的科研成果，往往被评估具备较好的经济收益预期，因此很容易被定义为"经营资产"。大多数科研成果来源于"职务发明"，具有"国有资产"的属性和份额，这就给成果转化实施主体增加了保值增值的风险。同时，科研成果作为职务发明，其发明人个人与植物机体之间的使用权限划分尚未明确，这也可能导致使用权属划分和资产类型确定问题成为转化实施的障碍。

（三）实施主体多重身份引发的风险

当前，许多高校教师和科研人员直接参与科研成果的转化和经营，其在身份上，既是国家事业单位的公职人员，又是企业的法人或股东。这种多重身份可能会带来一系列的风险。例如，一方面可以利用公职身份承担科研任务，利用对科研经费使用和资源分配的主导权，将自己的企业纳入科研开发任务中。另一方面，利用公司法人或股东的身份，扩大对国有经费、资产的使用范围和灵活度。因此，实施主体的多重身份可能会在资产所有权的归属划分、处置权的审批权限和分配权的监督管理等环节出现问题，引发风险。

二、科研成果转化风险应对策略

科研成果转化由于其系统性和复杂性，导致其面临技术不成熟、资产权属界限不清晰等多重风险，而科研人员作为其实施主体，多重执行身份、对市场运作、法律认识和执业的不专业，加大了转化触及红线的风险。因此，防范成果转化风险，应当从运作机制、中介服务和成果管理三个方面进行解决[1]，如图4-2所示。

---

[1] 刘秀芳，刘晓蕊. 浅议科研成果转化过程所面临的风险和应对策略 [J]. 科学与财富，2018（14）：42.

策略一
健全和完善科研成果转化运作机制

策略二
大力发展科研成果转化服务中介平台

策略三
提升科研成果管理与引导水平

图 4-2　科研成果转化风险的应对策略

（一）健全和完善科研成果转化运作机制

科研成果转化运作机制的健全和完善是防范科研成果转化风险的重要环节，也是推动科研成果顺利向市场和应用推广的关键。科研成果转化运作机制涵盖人、财、物等多个方面的基本准则和实施程序。

成果转移与再分配机制是确保科研成果的有效转移和再利用的重要机制。该机制需要明确科研成果的权属、使用权和收益权的归属。科研机构可以制定相应的政策和规定，明确科研人员在科研成果转化过程中的权益和责任，为科研人员提供合理的激励机制。同时，科研机构可以通过建立科技成果管理部门或科技转化中心，负责科研成果的评估、技术转让和产业合作的对接，实现科研成果的优化配置和再分配。

资金投入机制是科研成果转化过程中的关键环节。科研机构需要确保转化项目能够获得必要的资金支持，以推动科研成果的市场化。这可以通过建立科技成果转化专项资金、科技成果转化基金等方式来实现。同时，对投入的资金需要进行有效的监管和评估，确保投入的效益和回报。

企业运行机制对于科研成果的市场化和商业化起着重要作用。科研机构可以与企业建立合作关系，共同推动科研成果的转化和应用。为了调动科研人员的积极性和创造力，科研机构可以采取灵活的机制，如科技成果转化奖励制度、科研人员参股等，鼓励科研人员积极参与科技成果的市场化运作。

市场竞争机制是确保科研成果在市场中的竞争优势和持续发展的重要

机制。科研机构需要对科研成果的市场需求和竞争情况进行深入调研和分析，为科研成果的转化提供市场定位和商业化策略。此外，科研机构还可以通过加强与产业界的合作与沟通，了解市场需求、获取技术转化的资源和资金支持，进一步提升科研成果的市场竞争力。

（二）大力发展科研成果转化服务中介平台

科研成果转化服务中介平台的发展是科技创新系统的重要组成部分，其主要作用是协助科研人员和机构将科研成果转化为具有实际应用价值的技术或产品。这样的平台可以大大提高科研成果的转化效率，并降低科研人员在成果转化过程中的风险。

服务中介平台可以提供一系列专业服务，帮助科研人员和机构更好地理解市场需求和商业化过程。这些服务可能包括市场调研、竞争分析、商业化策略设计等。这些服务可以帮助科研人员和机构了解成果转化的市场环境，明确目标市场和客户，从而为科研成果转化提供有力的市场指导。

科研成果的专利保护是成果转化的重要保障。中介平台可以为科研人员和机构提供专业的专利申请指导和服务，帮助他们成功申请和维护专利，保护自己的知识产权。服务中介平台可以提供资金筹集服务。科研成果的转化通常需要大量的资金支持，而科研人员和机构往往缺乏筹集资金的经验和能力。中介平台可以利用其专业知识和网络，帮助科研人员和机构接触到投资者，成功筹集到成果转化所需的资金。

在科研成果转化的过程中，往往需要与各方进行商业谈判，包括与投资者谈判投资条件，与合作伙伴谈判合作协议等。中介平台可以利用其商业经验和谈判技巧，帮助科研人员和机构在商业谈判中达成最有利的条件。

科研成果转化服务中介平台可以大大降低科研人员和机构在成果转化过程中的工作压力和风险，使他们可以更专注于科研成果的创新和研发工作。同时，也可以提高科研成果转化的效率和成功率，促进科技创新和社会经济的发展。

（三）提升科研成果管理与引导水平

科研机构可以通过建立科研成果管理制度和政策，规范科研成果的产出、评价和使用。这包括明确科研成果的所有权、知识产权保护、成果转化的程序和要求等方面的规定，以确保科研人员在科研过程中知晓自己的权益和责任，并为科研成果的转化提供法律和制度上的支持。

科研机构可以设立专门的科技成果管理部门或科技转化中心，负责科研成果的管理和转化工作。这些部门或中心可以提供科研人员成果转化的指导和咨询服务，帮助科研人员了解科技成果的市场需求和应用前景，引导科研人员选择合适的转化路径和策略。同时，它们还可以负责科研成果的评估、技术转让和产业合作的对接，促进科研成果的有效转化和商业化。

科研机构可以加强与产业界的合作与沟通，建立起良好的科研与产业融合平台。通过与企业、投资机构和政府部门的合作，科研机构可以了解市场需求、获取技术转化的资源和资金支持，并与产业界共同推动科研成果的转化和应用。这包括积极参与产业项目的研发和实施，促进科研成果的落地和推广。

科研机构还应提供必要的培训和支持，加强科研人员的科技创新能力和科技管理素质。通过培养科研人员的创新意识、市场意识和管理能力，科研机构可以提高科研成果转化的成功率和效率。这可以通过开展专业的培训课程、组织创新创业活动、提供科技创业支持等方式来实现。

随着我国科研成果转化相关法律体系的日益完善，科技体制改革的深入推进，科研成果转化风险的防范工作将得到更有效的保障。

第五章　科技成果转化的政策与法律保障

科技成果转化是促进科技创新成果实际应用和市场化的重要环节,对于推动经济发展、提升产业竞争力具有重要意义。为了有效支持和推动科技成果转化,政府和社会各界采取了一系列的政策和激励机制,并制定了相应的法律法规和知识产权保护措施。

第一节　政策支持与激励机制

一、现有的政策支持体系

在我国科技成果转化的领域中,各级政府已经制定了一系列的政策支持体系,旨在推动科技成果的有效转化,提高科技创新的效率和效益。这些政策的主要目标是为科技创新和成果转化提供一个良好的政策环境,以促进科技创新的快速发展,支持科技企业的发展,以及推动我国经济的持续健康发展。

科技成果概念验证及其平台建设方面上,北京、天津和合肥等地已经明确地表达了对这个领域的支持。如北京市,根据科技成果概念验证项目的技术含量、市场前景等,按照项目总预算30%的比例,给予科技成果概念验证平台不超过3年的支持,年度资金支持不超过200万元,单个平台支持总金额不超过1 500万元。同时,天津设立科技成果概念验证资金,按照年度最高 200 万元的标准，支持高校院所围绕核心技术和高价值专利成果，实施技术开发、产品验证、市场应用研究等概念验证项目。合肥对为实验阶段的科技成果提供概念验证、商业化开发等公共服务的概念验证中心，按其年度服务性收入的 30%，给予最高 100 万元奖补。

中试基地建设的角度上，深圳、武汉、合肥和青岛等地也已经给出了相应的支持政策。深圳市支持行业龙头企业、科研机构等建设中试生产线并向社会开放，符合条件的给予最高 1 000 万元资助。武汉市鼓励新型研发机构、高校、科研院所和企业独立或者联合建设科技成果转化中试平台（基地），给予最高 2 000 万元补助。合肥市对为实验室成果开发和优化、投产前试验或者试生产服务的中试基地（平台），给予最高 100 万元奖补。青岛市支持头部企业或专业服务机构在有条件的园区建设中试平台、熟化基地等，对符合条件的给予最高 2 000 万元支持。

此外，对于高新技术企业和科技型中小企业的发展，各地也出台了一系列政策。这些政策主要旨在推动科技型中小企业的创新能力，通过提供资金、税收等方面的支持，进一步促进这些企业的科技成果转化。例如，北京市对于在京科技成果转化的科技型中小企业，在市级平台注册和运营的，给予不超过 200 万元的支持。天津市鼓励科技型中小企业提高科技创新和转化应用能力，最高给予 200 万元奖补。

这些政策构成了我国现有的科技成果转化政策支持体系，它们对于推动科技创新和科技成果转化起到了重要的作用。这些政策旨在提供一个良好的环境，使科技创新和科技成果转化能够得到有效的支持和发展，这对于推动我国经济的持续健康发展具有重要意义。然而，这个体系也有一些不足，需要进一步完善和改进，以更好地促进科技成果的转化和创新

二、激励机制的设计与实施

为了提高我国科技成果转化的效率，引导和激励科技人员和企业进行科技创新，我国已经制定并实施了一系列的激励机制。这些机制主要包括了政

策激励、金融激励、制度激励和文化激励。

（一）政策激励

主要体现在对科技创新的税收优惠、补贴政策等方面。我国的科技政策一直致力于鼓励科技创新，创新政策体系以政策引导和优惠激励为主，包括降低创新投入的成本、提高创新产出的回报等方式，以激发科技人员和企业的创新动力。

（二）金融激励

主要表现在优惠的融资政策、股权激励等方面。金融机构通过对科技创新项目提供风险投资、优惠贷款等方式，降低科技创新的资金成本，提高科技成果转化的潜在收益。同时，通过实施股权激励政策，引导科技人员和企业主持人更加积极地参与到科技创新和成果转化的过程中。

（三）制度激励

通过完善科技成果转化的法律法规，保障科技人员和企业在科技成果转化过程中的合法权益，从而提高科技成果转化的积极性。我国政府在科技成果转化的法律法规方面进行了一系列的改革和创新，使得科技人员和企业在进行科技成果转化时得到了更加明确和更具保障的法律地位。

（四）文化激励

通过培养和树立科技创新文化，提升科技人员和企业的科技创新意识，从而提高科技成果转化的效率。我国已经开始着重弘扬科技创新精神，鼓励科技人员和企业敢于创新，勇于实践。

三、政策和激励的效果评估

在科技成果转化支持体系的研究中，评估政策和激励的效果是一项关键任务。这一任务的目的在于揭示政策和激励的实际效果，以便对这些支持措施进行优化和改进。根据评估的需要和实际情况，可以运用量化方法和定性方法来进行评估。

量化方法主要是利用数据分析和统计模型来揭示政策和激励的影响。这一方法以科技成果转化的数量、效率和创新能力等为评估指标，收集相应的数据，进行定量分析。这种评估方法为科技政策和激励的效果提供了直观的视角，有助于理解和优化这些支持措施。

在量化评估中，科技成果转化的数量和效率是关键的评估指标。这可以通过收集和分析科技成果转化的数量和时间数据来实现。例如，可以比较政策实施前后的科技成果转化数量和效率的变化，以此评估政策的影响。在这种评估方法中，科技成果转化的数量可以表示为 N，科技成果转化的时间可以表示为 T，科技成果转化的效率则可以表示为 $E=N/T$。这样，如果在政策实施后，科技成果转化的效率 E 增大，那么可以初步判断该政策可能对科技成果转化产生了积极的影响。

另外，量化评估还可以考虑科技成果转化的创新能力，这是评估科技政策和激励效果的重要指标。在这方面，可以通过收集和分析科技成果的专利数量、引用次数等创新指标，来评估科技政策和激励对创新能力的影响。这样的量化评估为理解科技政策和激励的影响提供了重要的数据支持。

与量化方法相辅相成的是定性方法。这种评估方法通过访谈、案例分析等方式，揭示科技人员和企业对政策和激励的感受和需求，从而更深入地理解政策和激励的实际效果。

定性评估方法注重的是科技人员和企业的实际感受和需求。通过访谈和案例分析，可以了解科技人员和企业对当前科技政策和激励的看法，科技成果转化过程中遇到的问题，以及对优化科技政策和激励的建议。这种方法能够揭示出政策和激励在实际操作中可能存在的问题，为优化政策和激励提供宝贵的意见和建议。

在定性评估中，访谈是一种重要的工具。访谈可以了解科技人员和企业的实际感受和需求，揭示他们在科技成果转化过程中遇到的困难和挑战。通过访谈，可以了解到科技政策和激励在实际操作中的效果，以及科技人员和企业对这些政策和激励的看法和建议。

案例分析也是定性评估的重要方法。通过对特定科技成果转化案例的深入研究，可以揭示政策和激励在具体应用中的效果和问题。这种分析可以提供更深层次、更具体的信息，有助于优化政策和激励。

第二节　法律法规与知识产权保护

一、科技成果转化现行相关法律法规

（一）纲领性法律规范

1.《中华人民共和国宪法》

该法第二十条规定："国家发展自然科学和社会科学事业，普及科学和技术知识，奖励科学研究成果和技术发明创造。"[1]宪法明确规定了国家对自然科学和社会科学事业的发展，对科学和技术知识的普及，以及对科学研究成果和技术发明创造的奖励。这为科技成果的转化提供了宪法性渊源，为科技进步和科技成果转化的法律规制提供了最高法律依据。

2.《中华人民共和国科技进步法》

这部法律是指导科技成果转化的基本法律。该法律规范了科技进步领域的相关法律关系，促进科技进步和科技成果的转化，发挥科技成果转化对生产力的促进作用，推动经济发展。法律明确规定了科学技术在经济发展中的

---

[1]《中华人民共和国宪法》第 20 条［Z］. 2018.

主导地位，明确规定了促进科技进步的主要制度，规定了科技发展的目标和作用，基础研究和应用研究，科学研究的经费来源，科研机构的权利义务，促进科技成果转化的保障措施，科技奖励政策等。

3.《中华人民共和国科技成果转化法》

该法对产学研结合，科技投资的用途，科技成果的知识产权归属与使用作了明确的规定，这对于加快科技成果的转化，提高科技成果的转化率，调动科研机构的积极性有着重要的作用。

4.《中华人民共和国促进科技成果转化法》

这是一部与《中华人民共和国科技进步法》配套的重要单行法，它们共同推进科技成果的转化，同时对科技成果的产业化也做出了相关的规定。该法主要在调整科技成果转化中的知识产权权利和义务关系，确立了科技成果转化应遵循的基本原则，科研项目的经费来源和税收优惠，科技成果技术权益的归属和分享，科技成果转化的主体的权利义务等方面作了规定。

（二）辅助性法律规范

科技成果转化的基本法律，《中华人民共和国科技进步法》和《中华人民共和国促进科技成果转化法》在宏观层面为科技成果转化提供了纲领性指导。然而，鉴于科技成果转化的过程复杂且涉及范围广泛，这两部法律在具体执行中可能存在不够详细和明确的问题，因此需要借助其他辅助性法律规范进行细化和具体化。

《中华人民共和国专利法》及其《实施细则》为科技成果的产权归属以及相关主体的权利和义务提供了明确的规定，这不仅激发了科技成果转化的积极性，也避免了权属不明引发的纠纷，使科技成果转化更有实际意义。同时，《中华人民共和国著作权法》及其《实施细则》明确了科技作品的产权归属，为科技作品提供了法律保护。

除此之外，针对特定类型的科技成果，还有专门的知识产权保护规定，如《集成电路布图设计保护条例》《植物新品种保护条例》《计算机软件著作权登记》等。从科技成果的资本化和技术合同等角度，有《中华人民共和国民法典》中的相关法律法规为科技成果转化提供了支持。

以上这些辅助性法律规范与纲领性法律规范相辅相成，共同推进科技成果转化的进程，帮助更好地解决科技成果转化过程中的法律问题，为科技成果的产权保护和利用提供了更详尽的法律依据。

（三）行政法规和部门规章、地方性规章

科技成果转化确实是一个复杂的系统过程，涉及许多不同的参与者和机构，包括政府、科研机构、中介机构、企业等。这个过程需要的时间长、风险大、技术需求度高，并且需要技术和经济的相互作用。

在转化过程中，政府在宏观调控和法规制定方面发挥重要作用，出台相关的行政法规、部门规章、地方性规章等，为科技成果转化提供具体的、可操作的程序，如 2019 年在北京市第十五届人民代表大会常务委员会第十六次会议上发布的《北京市促进科技成果转化条例》，2023 年 4 月 4 日吉林省第十四届人民代表大会常务委员会第二次会议修订的《吉林省促进科技成果转化条例》等。

同时，针对转化科技成果的程序和认定科技成果的范围，也有相关的政策规定。科研成果的知识产权归属和保护方面，国务院办公厅发布了相关通知，明确了研发机构和科研人员在科研成果转化过程中的权利和责任。

二、科技成果转化对知识产权保护的需求

科技成果转化是一种重要的创新活动，其本质在于将科研成果通过技术转移，变成实际的商品和服务，为社会创造经济价值。知识产权保护具有至关重要的作用。科技成果转化是将科研成果转变为实际商品和服务的过程，而知识产权保护为研发者提供了合法的保护，确保其在市场上获得合理的回报和竞争优势。

知识产权保护是科技成果转化的基础。科技创新需要投入大量的资金、时间和精力，其成果通常表现为独特的知识或技术。如果没有足够的知识产权保护，这些知识或技术可能会被他人复制、盗用或滥用，从而削弱研发者的动力和创新活力。知识产权保护可以确保创新成果的独特性和独占性，为研发者提供市场独享权，从而使他们能够从研发投入中获得合理的经济回报。

知识产权保护有助于推进科技成果转化。一方面，知识产权保护为研发者提供了市场保障，使他们能够更有信心和动力进行科研活动。知识产权保护确保了研发者对其创新成果的控制权，使其能够更好地决定如何转移、推广和商业化自己的科技成果。另一方面，知识产权保护也有助于建立和维护技术转移的市场秩序。在有明确的知识产权保护制度的支持下，技术转移的各方能够更加明确地界定权益和责任，促进科技成果的流通和应用。

知识产权保护能够鼓励科技创新和竞争。知识产权保护制度为创新者提供了竞争优势，使他们能够通过拥有独特的、可法律保护的创新成果来获取市场份额。这种竞争优势激励着更多的人参与到科技创新中来，推动科技的不断进步和更新。同时，知识产权保护也为科技创新提供了一种良好的回报机制和激励机制。研发者通过获得知识产权的保护，可以有效地保护其创新成果的商业利益，并获得投资回报。这使得研发者有更多的动力和资源去进行更多的科技创新，从而推动整个科技领域的发展和竞争。

知识产权保护还有助于促进科技成果的交流与合作。科技成果转化通常需要与其他企业、机构或个人进行合作和交流，共同推动科技成果的应用和商业化。知识产权保护为合作伙伴提供了对科技成果的信心和保障，促进了技术转移和合作的顺利进行。合作双方在有明确的知识产权保护的基础上，能够更好地分享和共享科技成果，推动科技创新的合作与发展。

知识产权保护还有助于吸引投资和资金支持。对于科技成果转化来说，投资和资金的支持是至关重要的。投资者和资金提供者需要有足够的信心和保证，确保他们的投资和资金不会因知识产权的侵权或盗用而受到损失。知识产权保护可以为投资者提供法律上的保护和市场上的竞争优势,增加他们对科技成果转化项目的信任和兴趣,从而吸引更多的投资和资金支持。

三、知识产权保护的方式

(一)合同法律保护

科技成果转化中的知识产权保护方式之一是合同法律保护。合同在科技开发者将其科技成果转让或许可使用给其他企业或个人时起到了重要的作用,它确保了科技开发者在这个过程中的权益得到法律的保护。

合同中的保密条款是合同法律保护的核心内容之一。这些条款明确规定了接受技术转让或许可使用的一方不得随意泄露或传播所获得的技术信息。通过这样的保密条款,科技开发者可以有效地防止技术的非法复制和传播,确保其科技成果的独特性和竞争优势得以保持。保密条款可以限制接受方在一定时间内保密技术信息,并可以规定违反保密义务的违约责任和补偿机制。这样的合同约定为科技开发者提供了法律依据,以追究违约方的责任并获得相应的赔偿。

合同法律保护还可以在合同中规定其他重要条款,以确保科技开发者和受让方的权益得到合理的保护。这些条款可能涉及权利的归属、使用范围、使用期限、使用方式、报酬等方面。通过明确约定这些条款,合同可以确保科技开发者在技术转让或许可使用过程中能够保持对知识产权的控制,并获得相应的经济利益。合同可以规定受让方只能在特定的使用范围和期限内使用技术,以防止未经授权的滥用或超范围使用。同时,合同可以明确约定受让方对技术的报酬或授权费用,以确保科技开发者能够合理获得经济回报。

然而,为了确保合同的有效性和可执行性,合同的内容必须符合相关的法律法规,并且双方在签订合同之前应充分了解并同意其中的条款。合同必须符合知识产权法律的要求,确保合同的内容不违反法律的规定。此外,合同的签署应基于自愿和平等的原则,双方应当具备相应的法律能力,并且应当充分了解合同的内容和效果。如果合同中的条款存在不合法或不合理的情况，可能会导致合同无效或引发纠纷。

（二）注册专利

注册专利是科技开发者对其创新成果的一种重要保护方式，它为科技成果提供了法律保护，并赋予科技开发者一定期限内的独家使用权。

专利权的核心价值在于，它可以阻止他人在未经许可的情况下使用、销售或生产与专利技术相关的产品或服务。这个独家使用权有助于科技开发者获得经济回报，因为它允许开发者控制其科技成果的商业利用。通过专利保护，科技开发者可以向他人授权使用其技术，以换取授权费或者其他形式的经济利益。此外，独家使用权也有助于科技开发者在市场竞争中获取优势，防止竞争对手复制其创新技术。

注册专利的过程包括了详细描述科技成果和展示其技术上的创新性和实用性。在申请专利时，科技开发者需要向专利局提交详细的专利说明书，包括发明内容的详细描述、图示以及创新性的论述等。这些材料应当能够充分揭示发明的技术方案，并能让具有相同技术水平的专业人士理解并实施这个发明。

专利申请需要符合专利法规定的要求。科技成果必须满足新颖性、创造性和实用性的要求才能获得专利权。在此基础上，专利申请还需要经过专利局的审查。只有当专利局认为发明满足了专利法的要求，才会授予专利权。

获得专利权后，科技开发者需要进行后续的维护工作以保持专利的有效性。这可能包括缴纳年费、及时处理专利侵权等事宜。如果科技开发者发现他人侵犯其专利权，应当及时采取法律行动，防止其科技成果被非法使用。

（三）商标著作权保护

商标权保护可以帮助科技开发者保护其产品的品牌。通过注册商标，科技开发者可以获得对商标的独占使用权，阻止他人冒充或模仿其品牌。这种保护可以帮助科技开发者建立并维护其产品在市场上的知名度和信誉,从而在商业竞争中取得优势。此外,商标权还可以被授权或转让,成为科技开发者获取经济收益的重要途径。

著作权保护则主要针对软件、数据库等科技成果。著作权赋予科技开发者对其原创作品的独占权利,包括复制、发行、展示、表演等权利。这种保护机制可以确保科技开发者的劳动成果不被他人随意复制或更改。这对于软件和数据库等需要大量创新劳动和投入的科技成果来说,尤其重要。通过著作权保护,科技开发者可以控制其作品的使用,防止他人无偿或低价使用其作品,保障其创新投入的回报。同时,著作权保护还鼓励了创新和创造力的发展。

四、科技成果转化过程中知识产权保护

科技成果转化过程中的知识产权保护应采取多种策略。通过搭建创新服务平台、建立研发机构、推动产学联合、完善政策和落实、依法行政以及制定科技创新激励政策等措施,可以更好地保护知识产权,促进科技创新和经济发展,如图 5-1 所示。

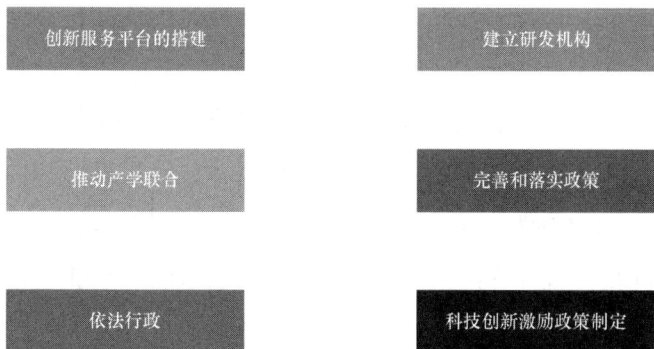

创新服务平台的搭建	建立研发机构
推动产学联合	完善和落实政策
依法行政	科技创新激励政策制定

图 5-1　科技成果转化过程中知识产权保护分析

(一)创新服务平台的搭建

创新服务平台可以为科技开发者提供技术创新的全程服务,从而保护他

们的知识产权。其功能主要集中于技术创新支持。通过这个平台，科技开发者可以根据自身的优势和特色，完善技术中心的功能，包括技术研发、项目管理、人才培训等。这些服务可以帮助科技开发者提升自身的技术实力，同时也有利于科技成果的保护和转化。

除了提供技术支持，创新服务平台还可以进行科技成果的包装管理。通过包装管理，科技成果可以以更加完善和专业的形式面世，从而提高科技成果的市场竞争力和经济价值。同时，包装管理也能有效防止科技成果在转化过程中的知识产权被侵犯。

创新服务平台还可以进行人才引进和培训。通过这样的服务，科技开发者不仅可以引进高层次的科研人才，提升科技创新的能力，也可以通过培训提高全体员工的知识产权意识，从而更好地保护科技成果的知识产权。

（二）建立研发机构

研发机构的建立，可以使企业聚焦在特定的研究领域，提高其技术实力。这是因为研发机构能够集中企业的人力、物力、财力，进行专业的、深入的科研活动。此外，研发机构也能吸引和培养优秀的科研人才，进一步提升企业的研发能力。

同时，政府对研发机构的鼓励和支持，如建立省级技术中心、检测中心和实验中心等机构，可以提升企业及区域的整体技术水平。这种政策支持不仅可以提升企业的研发能力，还有利于提高整个区域的科技竞争力。

研发机构的建立有利于知识产权的保护。这是因为在研发机构中，企业可以进行知识产权的系统管理，例如制定和实施知识产权策略，开展知识产权培训，进行知识产权的申请和维护等。这样不仅可以保护企业的知识产权，也可以提高员工的知识产权意识，为企业的长远发展打下坚实的基础。

（三）推动产学联合

政府可以组织各类活动，如项目洽谈会、成果发布会和专题讲座等，为科研院校和企业提供平台，促进产学联合。这些活动为科研院校与企业之间的合作提供了机会，帮助企业引进科研院校的技术成果，并促进科技成果的转化和商业化。通过与科研院校的合作，企业可以获得先进的科技资源和创新能力，提高自身的竞争力。

产学联合还可以促进科研院校与企业之间的技术交流与合作。通过合作研究项目的开展，科研院校和企业可以共同解决实际问题，进行技术创新和成果转化。这种合作有利于加强双方的技术交流，提高科研院校的应用性研究水平，同时也有助于企业实现技术进步和市场竞争优势。

推动产学联合还可以促进科研院校与企业之间人才的流动与合作。通过双向的人才交流与培养，科研院校和企业可以互相借鉴和学习，提高人才的综合素质和创新能力。科研院校可以培养适应产业发展需求的高层次人才，而企业可以提供实践基地和行业经验，为科研院校的研究成果提供实际应用场景。

（四）完善和落实政策

政府应制定鼓励科技型中小企业创新发展的政策。这些政策可以包括减税、减免行政审批、提供创新券等具体措施，为科技创新企业提供优惠政策和便利条件。政策的制定应符合市场经济规律和企业需求，充分考虑科技创新企业的特点和难点，为其提供有针对性的政策支持。

政府可以建立科技创新基金，通过资金支持的方式促进科技创新。科技创新基金可以提供创业资金、研发资金、知识产权保护费用等支持，帮助科技创新企业实现技术研发和转化。这些基金的建立应确保资金来源可持续、使用透明，且有明确的申请和评审机制，确保资源能够有效地分配到最有创新潜力的企业和项目上。

应对优秀的科技创新企业给予表彰和扶持。通过评选出一批具有创新能力和成果的企业，并给予相应的荣誉和奖励，可以激发企业的创新积极性，提高其知识产权保护意识。同时，政府可以通过给予贷款支持、提供专业服务、提供市场拓展机会等方式，为优秀的科技创新企业提供持续的扶持，帮助其实现持续创新和发展。

确保政策的真正落到实处。制定好的政策如果无法落地生效，将无法达到保护知识产权和促进创新的目的。相关部门需要加强协调与沟通，加强政策的宣传和解释，确保企业能够充分了解和享受到相关政策的支持和利益。

（五）依法行政

保护知识产权，必须依法进行。这涉及如何让相关部门加强服务、提高工作效率、严格执行专利法等相关法律法规，这是知识产权保护的基础，也是促进科技成果转化的重要手段。

关于提高服务效率，这要求相关部门在处理知识产权事务上，应尽可能地提高工作效率，快速响应企业和专利权益人的需求，减少审批等环节的时间，提供高效、专业的服务。对于加大知识产权保护力度，一方面要求政府加大对侵权行为的处罚力度，严厉打击侵犯知识产权的行为，维护企业和专利权益人的合法权益。另一方面，也需要政府在制度层面加大对知识产权保护的投入，包括加大专利审查、专利执法等方面的人力物力投入，提升知识产权保护的专业性和效率。

严格执行专利法等相关法律法规，也是依法行政的重要内容。政府应不断完善知识产权相关的法律法规，与国际标准接轨，确保在全球范围内的知识产权保护。在实际工作中，要严格按照法律法规进行，不偏离法律的原则，确保企业和专利权益人的权益得到法律的保护。

（六）科技创新激励政策的制定

政府部门应制定能够激发科研部门和科技人员积极性的政策，工资待遇优化是创新激励的基础环节。实施这一政策，需考虑提高科技人员的待遇，尤其是对于那些在科技创新中作出突出贡献的个体，需要给予更高的薪酬待遇，以反映其对企业和社会创新的贡献。

　　税收政策也是科技创新激励政策的重要组成部分。政府可以通过对科技创新企业实施税收优惠，减轻其负担，从而鼓励其投入更多资源进行研发创新。同时，对个人的科技成果转化予以税收优惠，也能鼓励更多的科技人员投身于创新事业。

　　职称评定方面的优化也不可忽视。科研人员的职业生涯发展往往与其职称评定紧密相关。优化职称评定政策，既可以鼓励科研人员积极投入科研工作，也可以鼓励他们将科研成果转化为实际的产品和服务。

　　对模仿行为的打击和对创新企业的保护，是实现知识产权保护的直接措施。对此，需要完善知识产权法律体系，严厉打击侵权行为，同时，通过专家评审制度和技术支持，帮助企业降低创新风险，提高科技成果转化的成功率和效率。

第三节　行业标准与监管体系

一、行业标准的定义与作用

（一）行业标准的定义

　　行业标准是对没有国家标准而又需要在全国某个行业范围内统一的技术要求所制定的标准。行业标准不得与有关国家标准相抵触。有关行业标准之间应保持协调、统一，不得重复。行业标准在相应的国家标准实施后，即行废止。行业标准由行业标准归口部门统一管理[①]。

---

① 侯丽艳. 经济法概论［M］. 北京：中国政法大学出版社，2012：121.

（二）行业标准的作用

行业标准在科技成果转化中发挥着规范、统一、提升质量、促进转化、保护消费者权益和促进国际交流等重要作用，对于推动科技创新和产业发展具有重要意义。

1. 技术规范与统一

行业标准作为技术规范的重要载体，其为产品和服务的技术参数、质量指标和性能要求设定了明确的框架。这种规定不仅构筑了一个方向性的路线图，引导各类产品和服务的研发与创新，而且为行业中所有的参与者，无论是企业还是研究机构，构建了一个共同的语言体系。这种通用性确保了在基于该共享基础上进行的研发、生产和交流活动中，所有参与者都能具有共同的理解和表达方式。

行业标准在提供技术规范与统一的作用对于行业内的竞争格局具有深远影响。一方面，由于行业标准提供了明确的技术与质量方向，企业在进行产品开发和改良时，能更加有目的性地提升产品质量，从而在激烈的市场竞争中获取优势。另一方面，所有的市场参与者都遵循相同的标准，有助于减少市场的混乱，维护行业稳定，进而促进行业健康发展。

此外，行业标准在规范与统一的作用下，也为行业的技术交流与合作提供了基础。由于所有的参与者都遵循共同的标准，不同的企业、研究机构之间能更加顺畅地进行技术交流和合作，推动行业技术的进步和创新。

2. 提高产品质量与竞争力

行业标准对产品质量的影响源于其对技术要求的明确规定。这些要求作为衡量产品性能的具体标准，帮助企业在研发和生产过程中能有针对性地提升产品技术水平。企业通过遵循行业标准来设计和生产产品，能够在保证产品技术水平的同时，也能确保产品质量的稳定性和一致性。

行业标准在产品质量控制中起到了重要的指导作用。它提供了一套统一的、可量化的标准，帮助企业在生产过程中对产品质量进行有效的管理和控制。通过这些标准，企业可以更好地进行产品质量的自我检测，及时发现和改正问题，确保产品质量的稳定和可靠。

行业标准对产品质量的提升，不仅限于单个企业，它更是对整个行业中的企业产生了推动作用。由于所有的企业都遵循同一套行业标准，因此能够在一定程度上避免产品质量的恶性竞争，推动整个行业产品质量的整体提升。

行业标准对产品质量的提升也直接影响到产品的市场竞争力。在市场竞争中，产品质量往往是消费者选择产品的重要因素。通过提升产品质量，企业可以更好地满足消费者需求，提高产品在市场中的竞争地位。此外，高质量的产品也能够提升企业的品牌形象，进一步增强企业的市场竞争力。

3. 促进科技成果转化

行业标准在科技成果转化过程中的作用，主要体现在其能够作为桥梁和纽带，帮助科技成果与市场需求进行对接。行业标准通过定义特定行业的技术规范、质量要求和操作流程等，为科技成果的商业化和产业化转化提供了清晰的路径。

科技成果从实验室走向市场，需要经历一个涉及多个环节、跨越多个阶段的复杂过程。科技成果需要与市场需求进行有效对接，才能最终实现商业化和产业化。行业标准在这个过程中起到了至关重要的作用。它既是科技成果与市场需求对接的桥梁，也是科技成果向市场转化的纽带。

行业标准将行业的技术需求和市场需求进行了清晰的界定和规范，为科技成果的研发和应用提供了明确的方向。科研人员可以依据行业标准进行科技成果的研发，从而确保科技成果能够满足市场需求，增加科技成果的市场适应性。

行业标准同时也是科技成果转化的纽带，它将科技成果与市场、生产、运营等环节进行了有效的连接。行业标准为科技成果的转化提供了具体的操作流程和方法,帮助企业更好地利用科技成果进行生产和运营,从而实现科技成果的应用和推广。行业标准还是科技成果评估和认证的重要依据。通过行业标准,可以对科技成果进行有效的质量评估和技术认证,从而促进科技成果的市场认可度和应用推广。这不仅能够增加科技成果的市场竞争力,也能够促进科技创新的市场驱动。

4. 保障消费者权益

消费者权益保护在社会经济活动中具有极其重要的地位,而行业标准正是在确保消费者权益保护方面发挥着重要作用。行业标准主要通过规定产品的安全要求、质量标准以及制定相关操作流程,以确保产品的安全性、可靠性和合规性。

产品的安全性是消费者在购买和使用产品过程中最关心的问题之一。行业标准通过对产品的安全性进行明确的规定,确保了消费者使用产品的基本安全。例如,在电子产品行业,行业标准可能会规定产品的电池安全性、辐射安全性等相关要求,这些都是为了保障消费者的使用安全。

除了产品的安全性,产品的质量也是消费者关注的重点。行业标准通常会规定产品的质量要求,如产品的性能、使用寿命、耐用性等。这些质量标准不仅是生产企业需要遵守的规定,同时也是消费者在购买产品时参考的重要信息,有助于消费者做出更好的购买决策。

在消费者选择产品时,行业标准可以作为重要的参考依据。消费者可以通过比较不同产品是否符合行业标准,以及符合程度如何,来进行产品选择。这有助于减少市场上的信息不对称,增加消费者的购买信心。

同时,行业标准的存在也可以帮助消费者在遇到问题时,拥有更明确的维权依据。例如,如果购买的产品在质量或者安全性上不符合行业标准,消费者就可以依据行业标准来提出维权要求。

5. 促进国际交流与合作

行业标准在国际交流与合作中起着重要作用。在现代全球化的经济环下，各国的行业都更为密切地联系在一起，而行业标准作为技术交流和合作的桥梁，有助于推动技术的跨国流动，促进全球产业链的协调发展。

行业标准首先可以作为技术交流的共同语言，促进国际间的技术交流与合作。各国的企业在开展技术交流与合作时，通常需要一个共同的标准作为基础，而行业标准就扮演了这样的角色。通过共享和遵循相同的行业标准，各国的企业能够更容易理解和接受彼此的技术，从而更好地进行技术交流与合作。

行业标准还可以增进各国间的互信与合作。在开展国际贸易与合作时，信任是非常重要的因素。而行业标准的存在，尤其是公认的国际行业标准，就可以作为增进各国间信任的有效手段。通过遵循行业标准，各国企业可以向合作伙伴展示自己的质量保证和技术能力，从而增进彼此之间的信任。

行业标准也有助于推动技术的跨国流动与共享。技术的跨国流动与共享是推动全球产业发展的重要力量。而行业标准就可以作为这种技术流动的依据和桥梁，使各国的技术能够在全球范围内共享和应用，从而推动全球产业链的发展。

二、监管体系的构成与功能

（一）监管体系的构成

监管体系的构成是一个相互关联、相互支持的系统，政策规定和法律法规提供了基本框架和规则，监管机构负责实施和管理，执行程序则是具体操作的过程。如图 5-2 所示。这些组成部分共同作用，形成了科技成果转化的监管体系，保障科技成果转化的合法性、公平性和可持续性。

1. 基础——政策规定

政策规定明确了科技成果转化的目标、方向和原则，为科技成果转化的各个环节提供了基本的行为准则。这些规定通常涉及科技成果的产权分配、利润分配、成果应用等方面。

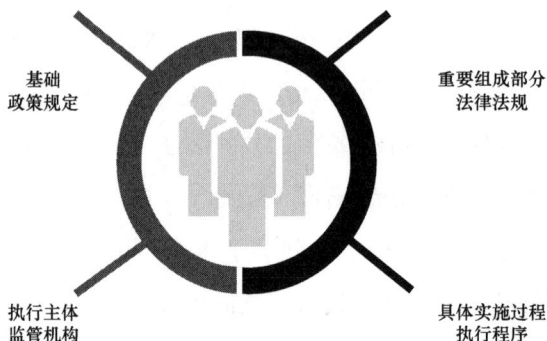

图 5-2　监管体系构成

2. 重要组成部分——法律法规

法律法规提供了对科技成果转化行为的法律约束和保障。包括知识产权相关的法律，如专利法、版权法、商标法等，以及技术转让、《中华人民共和国民法典》、竞争法等相关法律规定。这些法律法规规定了科技成果转化的权益保护、合同签订、竞争规则等，对于科技成果转化的合法性和合规性具有重要影响。

3. 执行主体——监管机构

监管机构是执行和管理监管体系的具体实施主体。这些机构可以是政府的科技管理部门、知识产权管理机构、行业协会等，根据各自的职责负责监督和指导科技成果转化的过程。监管机构的职责包括审查和批准科技成果转化申请、解决争议、推广政策和法律知识等。

4. 具体实施过程——执行程序

执行程序是具体实施科技成果转化的过程，包括科技成果的申报、评审、批准、合同签订、实施和效果评价等环节。在执行程序中，监管机构和相关部门根据政策规定和法律法规的要求进行操作，确保科技成果转化的公正性、公平性和透明性。

（二）监管体系的功能

监管体系在科技成果转化政策中具有保证公正和公平、促进合法行为、激励创新、防止风险和促进科技成果的商业化等功能，如图 5-3 所示。通过有效的监管体系，可以建立良好的科技成果转化环境，促进科技创新和经济发展。

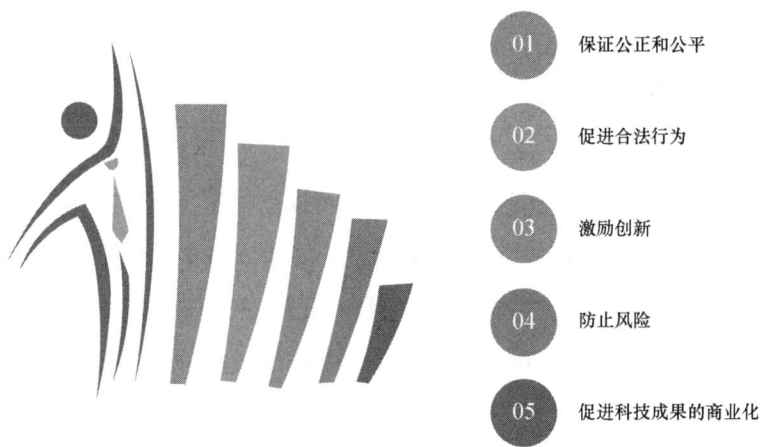

图 5-3　监管体系的功能

01　保证公正和公平

02　促进合法行为

03　激励创新

04　防止风险

05　促进科技成果的商业化

1. 保证公正和公平

监管体系首先通过制定公正公平的规则和程序来确保科技成果转化的公正与公平。这些规则和程序涵盖了科技成果转化的各个环节，包括科技成果的产权归属、利益分配、市场竞争等。这些规则和程序确保了所有利益相关者都能在科技成果转化过程中获得公正公平的待遇。监管体系通过对科技成果转化的全过程进行监督和审查，确保所有规则和程序都能得到有效执行。如果出现违反规则的行为，监管体系会及时采取措施，对违规行为进行处罚，从而维护公正公平的市场秩序。

监管体系还通过防止不正当竞争、垄断行为和不公平的利益分配来保证科技成果转化的公正与公平。这些行为往往会破坏市场秩序，损害公众利益。

而监管体系则通过明确的法律法规和强有力的执法活动，有效地防止和遏制这些行为，从而保护公众利益。

2. 促进合法行为

明确的法律法规和执行程序是必不可少的，因为它们为科技成果转化提供了规则和指导，使得所有参与者的行为都能在法律框架内进行。这一方面可以防止非法行为的发生，另一方面也可以为合法行为提供保障，从而推动科技成果转化的顺利进行。

科技成果转化的过程中涉及众多的法律问题，如知识产权保护、合同签订和履行、市场竞争等。这些问题如果处理不当，可能会导致法律纠纷甚至犯罪行为。监管体系通过明确的法律法规和执行程序，为这些问题提供了解决方案。例如，监管体系可以通过明确的法律法规来保护知识产权，防止侵权行为；也可以通过执行程序来促进合同的正当签订和履行，确保双方权益；同时，监管体系也可以通过法规和程序来维护市场竞争的公平性，防止垄断和不正当竞争行为。

监管体系不仅需要制定出科技成果转化过程中需要遵循的法律法规，还需要确保这些法律法规得到有效执行。进而真正做到防止非法行为，促进合法行为。

3. 激励创新

激励作用主要通过制定和实施创新支持政策、提供资金支持、建设科技成果转化示范区等方式实现。这些措施不仅能激励科研人员和企业进行创新活动，而且也能推动科技进步和经济发展。

创新是科技发展的源动力，是推动科技成果转化的关键因素。但创新活动通常存在风险大、投入大、回报周期长等特点，这就需要有相应的支持和保障机制。监管体系通过设立创新基金等方式，为科研人员和企业提供资金支持，降低其创新活动的风险和压力。这不仅能鼓励科研人员和企业敢于尝试新的技术和方案，而且也能让他们有更多的资源用于研发活动，从而提高创新效率和质量。

监管体系也通过建设科技成果转化示范区，为科技成果的转化提供优良的环境和条件。示范区能提供高质量的科研设施和服务，为科研人员和企业的创新活动提供便利。也能集聚各类科研机构和企业，形成创新生态，进一步推动科技成果的转化。

4. 防止风险

科技成果转化过程中，尽管充满了机遇，但同时也潜伏着多种风险。这些风险可能来自技术的不成熟、市场的不确定、管理的不善等方面。监管体系在这个过程中，起着至关重要的风险防控作用。通过对科技成果转化项目的监督和审查，它能确保科技成果的合规性、可行性和风险可控性，从而保护相关利益方免受潜在的损失。

一方面，合规性是科技成果转化的基础条件，是避免法律风险的关键。监管体系会对科技成果转化项目进行合规审查，例如，是否侵犯他人的知识产权，是否符合相关的法律法规等。只有当科技成果符合所有合规要求，才能进行下一步的转化活动。

另一方面，监管体系还对科技成果的可行性进行评估。这涉及科技成果是否具备工业化的可能，市场接受度如何，以及预期的商业回报等因素。通过对这些因素的综合考量，可以更好地判断科技成果的转化前景，避免盲目的投资和运作。

监管体系还能通过设立一系列的风险控制机制，如技术评估、商业化潜力评估等，有助于减少技术滥用和投资风险。这些评估机制能够帮助各方更清晰地理解科技成果的真实价值和潜在风险，从而做出更明智的决策。

5. 促进科技成果的商业化

科技成果的转化往往涉及丰富的知识产权资源，其商业化的过程需要得到有效的管理和保护。监管体系在此环节中发挥了关键作用，它通过合理的利润分配和知识产权保护机制，激发科研人员和企业对科技成果的商业化积极性，从而推动了科技成果的有效转化和应用。

知识产权保护是促进科技成果商业化的重要手段。知识产权保护能够保障创新者的合法权益，使其在科技成果转化过程中获得应得的回报，这将大大提升科技人员和企业投入科技成果转化的积极性。良好的知识产权保护环境也能够鼓励企业在市场中进行正当竞争，从而创造出更多的科技成果，推动整个社会的科技创新。

在科技成果的商业化过程中，监管体系也通过合理的利润分配机制，激发了各方面的积极性。合理的利润分配能够使得科技成果的开发者、投资者和运营者都能在科技成果转化过程中获得相应的回报，从而增强其持续进行科技成果转化的动力。

监管体系还鼓励科技成果的有效转让和商业化应用，这为企业提供了更多的科技成果转化机会，推动了企业对科技成果的深度开发和应用，促进了企业的技术进步和市场竞争力。

三、行业标准与监管体系的互动

科技成果转化政策是指导科技成果从研发阶段向商业化应用转化的政策框架，其中行业标准与监管体系在这一过程中扮演着至关重要的角色。它们之间的互动关系对于科技成果的成功转化具有重要影响。

行业标准是科技成果转化政策中的一部分，是由相关监管机构设定和维护的。这些标准通常对科技产品或服务的质量、安全性、兼容性等进行明确的规定，为科技创新和商业化提供了一个清晰的方向。通过与科技政策的结合，行业标准可以帮助科技创新者明确自己的研发目标，同时也为市场提供了一个公认的质量保证。

监管体系则是科技成果转化政策的执行和监督机制。它通过法律法规、政策指导、行政监管等手段，保证科技成果转化的合法性、公正性和有效性。同时，监管体系还负责对行业标准的制定、执行和更新进行监督，以确保标准的及时性和适用性。

行业标准与监管体系在科技成果转化政策中的互动主要体现在以下四个方面：

1. 行业标准制定

监管体系负责把握科技政策的方向和要求，据此来制定行业标准。这些标准不仅需要满足当前的科技发展需求，同时也要预见未来可能的技术变革，从而确保科技成果的有效研发和商业化过程能符合预定的目标。

2. 行业标准执行

监管体系的角色是保障行业标准得以有效实施。这包括对科技成果在质量、安全性、兼容性等各方面进行严格的检查和评估，以保障科技成果转化的高质量。对于不符合标准的科技成果，监管体系需要有权进行限制或者阻止其进一步的商业化过程，从而维护整个行业的健康发展。

3. 行业标准更新

科技进步的速度极快，新的科技成果的出现和应用往往需要新的标准来匹配。监管体系需要对科技政策和市场需求的变化有敏锐的洞察，及时地推动行业标准的更新和改进，从而让标准能持续地配合科技发展的步伐。

4. 争议解决

科技成果转化的过程中可能会出现对行业标准理解和执行的争议，这就需要监管体系提供一个公正公平的争议解决机制。这样不仅保证了科技成果转化的公正性和有效性，同时也增强了各方对监管体系和行业标准的信任度。

第三部分

科技创新与成果转化的经验

　　随着科技的不断进步和创新的推动，科技创新与成果转化已成为国家发展和经济增长的关键要素之一。科技成果转化的速度不断加快，为人类带来了前所未有的机遇和挑战。为了更好地发挥科技成果转化的作用，各国纷纷加强对科技创新与成果转化的投入和扶持，积极探索有效的转化模式和路径。通过分析国内外科技创新与成果转化的政策措施、实践经验和发展趋势，深入剖析成功案例背后的原因和启示，为未来的科技成果转化提供参考和借鉴。

第六章　国内科技创新与成果转化案例

第一节　"互联网+"科技领域

一、科技创新模式

西咸新区作为中国西北地区的重要经济发展区，近年来，凭借其丰富的资源和得天独厚的地理位置，西咸新区吸引了大量高科技企业落户，并在多个领域显示出巨大的发展潜力。该地区的发展策略和优势机遇，为创业者提供了广阔的平台和无限的可能性。

西咸新区正在积极响应陕西省的"四新"（新产业、新技术、新模式、新业态）发展策略，不断创新发展模式和优化产业结构，以培育新的增长点。特别地，西咸新区在探索应用新技术、新发展，不断创造新业态和新模式等方面，积极推动"四新"产业不断涌现。此外，西咸新区依据实际情况，不断完善"四新"实体领域和内容，探索建设立项推进模式和发展策略，以优化形成"四新"内生增长机制，这无疑为创业者提供了广阔的创新平台和发展空间。同时，西咸新区已经吸纳了不少云计算、电子商务等新型企业，为"四新"经济在区内形成一步集聚、形式集群效应打下了坚实的基础。

西咸新区位于"一带一路"经济带的重要节点，这一战略位置使得它具备对外开放的优势，这为新区的创业者提供了开拓国内外市场的广阔空间。

特别是随着"丝绸之路"经济带的建设不断推进，西咸新区将在物流、贸易、旅游等领域中崭露头角，这样的转变无疑为创业者提供了更多的机遇。同时，借助国家事务局批准的《关中天水经济区发展规划》的总体战略，西咸新区正在探索"建设大西安、带动大关中、引领大西北、走向大亚洲"等一系列的创新措施，这些措施也将为服务业企业开拓市场、寻找合作伙伴提供了巨大的便利。

全球经济格局的调整和中国国内经济结构的优化为西咸新区带来了新的发展机遇。西咸新区正在从过去依赖重工业和房地产投资的发展模式，转向依靠科技创新和服务业驱动的高质量发展方式。这样的转变不仅有利于新区的长远发展，也为创业者提供了新的市场定位和产业布局的机会。例如，现在对投资（包括房地产）的依赖正在逐步减少，而新的发展动力，如科技创新的内在驱动力，正在被越来越多地重视。这不仅有助于提高产品的增值率，也有助于提升整个新区的创新能力和竞争力。

二、科技创新机制

在过去的几年里，西咸新区已经成为一个科技创新的重要中心，大力推动了其经济的升级和发展。该区域的科技创新主要基于"互联网+"的模式，结合了传统行业和现代互联网技术，形成了一种独特的创新动力。

西咸新区的信息产业园是一个很好的例子。该园区已经成功地将"互联网+"的思想融入了其发展战略中，与此同时，该园区也成功地吸引了许多国内外知名的信息产业公司落户，例如微软、中国联通、中国电信等。同时，该园区的发展也受益于其作为国家新型工业化产业示范基地的地位，这一地位使得园区能够在软件和信息服务（大数据）产业的发展上得到更多的支持和推动。

西咸新区也成功地将"互联网+"的理念应用到了其他领域的发展中。例如，西咸新区沣东新城科技统筹区正在使用互联网的手段和思维探索科技资源统筹改革的新模式，该区域的目标是建设全国一流的高新技术研发基地、科技成果转化基地和创新型产业生产基地。同样，西咸新区的秦汉新丝路数字文化创意基地也正在利用互联网技术和现代信息技术打造一个文化创新的新高地。

西咸新区的科技成果转化机制主要依赖于其强大的产业基础和独特的"互联网＋"思维。在这一机制下，西咸新区能够将其在科技研发中得到的成果有效地转化为实际的产业应用，进而推动经济的发展。同时，西咸新区的科技成果转化机制也得益于其与全球的连接和合作，这使得该区域能够吸收全球的最新技术和思想，进而在科技创新和成果转化上取得更大的成功。

三、科技创新机制的实施路径

（一）激发创新活力，打响"创业在西咸新区"的品牌

西咸新区优化自己的发展环境，其目的在于激发内生的创新活力，并塑造出独特的品牌效应和经济效应。这个过程的首要任务是提升专业化服务的质量，以满足科技创业孵化的实际需求。为应对新区近几年孵化器载体发展快、从业人员新入职较多的实际情况，西咸新区制定了孵化企业成长手册、孵化器标准化服务体系建设等操作规程，这些规程旨在加强对科技创业苗圃、孵化器、加速器等科技创业载体的业务指导和服务。这种专业化的指导和服务，有利于提升西咸新区的科技创业孵化服务能力。

西咸新区针对科技创业企业的发展需求，加强服务的针对性。结合新区推进楼宇经济和产业结构调整，加快推进孵化器、特别是加速器等载体的专业化建设，这既解决了科技创业企业的"容身难"问题，又为培育和形成新兴产业集聚式发展创造了良好条件。

一方面，西咸新区还建立了创业者协会，加强科技创业培训。利用视频会议系统，推动起点创业营的"创业公开课程"全区共享，使全区科技创业培训课程系列化、常态化、公开化。同时，还策划各类创新创业主题活动，

大力表彰创新创业典型，培育敢于创新、乐于创业的企业家精神。

另一方面，西咸新区建立信用等级评价体系，并对信用记录良好的科技企业，在申请贷款、政府采购、资金补助等方面给予优先考虑。这既充分发挥了公共社区承载和孕育作用，又全面实施了《全民科学素质行动计划纲要》，推进市民终身学习促进工程，建设面向全社会的"开放大学"，积极推广公民科学素质行动的推广活动。

（二）创新领军人才的培养和吸引

引入和培养高级人才，特别是那些在科技创新领域有显著影响力的领军人物，对于推动西咸新区的科技创新和产业发展至关重要。他们是科技进步的引领者，能够推动产业技术升级，引领产业发展新方向。

通过提供优惠条件吸引这类人才。物质方面如提供较高的工资待遇、良好的工作环境和生活设施。精神层面如尊重和鼓励他们的创新活动，为他们提供更多的实践机会和发展空间。设立专项人才计划，对吸引的创新领军人才进行资助，提供更为宽松的科研环境和条件，让他们可以全身心投入到科技创新活动中。

构建一个健全的创新型人才培养机制和配置体系。这一机制需要考虑到创新人才的特点和需求，为他们提供个性化的培养方案。例如，可以开设专门的科技创新课程，提供实践性强、面向未来的教育，培养学生的创新思维和创新能力。同时，要注重国际交流，引进国际上的先进科研方法和思想，培养国际化的创新人才。

要注重本土创新人才的培养。一方面，可以通过优化教育资源，提高教育质量，培养更多的本土创新人才。另一方面，要构建科技创新平台，为本土创新人才提供更多的实践机会，使其在实践中发现问题、解决问题，不断提升创新能力和技术水平。

（三）与行业协会的接轨，打造内生型创新企业

一方面，行业协会是一个集合了某一行业内各种资源和力量的组织，具有强大的行业影响力和资源整合能力。依托行业协会，西咸新区可以更有效地引入优质的产业资源。例如，可以通过协会组织的各种活动和平台，与行业内的优秀企业接触和交流，了解他们的需求和期望，以此为依据进行有针对性的招商活动。这不仅可以提高招商的效率，也能提高招商的质量，引入真正符合西咸新区发展需要的优质企业。

另一方面，通过与行业协会的接轨，西咸新区也能更好地打造内生型创新企业。内生型创新企业是指依靠自身的创新能力进行持续发展的企业。行业协会通常会提供一系列的支持服务，如技术交流、人才培养、资金支持等，这些都有利于企业提升自身的创新能力和竞争力。通过这样的方式，西咸新区不仅能够引入外部的优质企业，也能够培养出自身的创新企业，从而形成一个良性的创新生态。

（四）制定适应高级生产要素的招商政策

修炼高级生产要素能力对于西咸新区在陕西的城市功能定位，即西北地区的科技中心，至关重要。高级生产要素主要包括创新、技术、人才等，它们是科技产业发展的关键驱动力。西咸新区需要不断强化这些要素，促进科技创新，吸引和培养高素质人才，才能在科技产业的竞争中获得优势。

"有力度"但"有选择"的设计招商政策，是对普惠制招商政策的反思和修正。各新区都有一系列的优惠政策，包括财政补贴、个人所得税减免、一次性资助、办公用房资助、高管购房及房租补贴、活动经费补贴、研发资助、各类奖励金等。这些优惠政策虽然有吸引力，但是不应盲目平等对待所有的企业，而应有选择性地对符合西咸新区产业发展方向的企业给予更大的优惠。

第二节　生物科技产业领域

一、科技成果转化概况

浙江传化公司成立于 2002 年 8 月，总部位于浙江省杭州市萧山经济开发区核心板块。地理位置优越，毗邻钱塘江以北，与萧山北新城区相连，东临萧山国际机场和空港新城，西接杭州主城区。在开发区内，交通便利，有杭雨高速、机场高速、102 省道、104 国道和普通城市道路相交，形成了纵横交错的道路网络，为公司的发展和扩大提供了重要的交通条件。公司的注册资金为 1 000 万元，占地面积超过 200 亩。

经过十多年的不断探索和积累，浙江传化公司已成为掌握关键园艺科技、国内领先的现代农业科技公司。公司以科技创新为手段，以服务农业为使命，以创造农业产业化价值为目标，运用现代农业管理理念不断创新和实践现代农业管理模式。

作为传化集团传化农业板块的核心企业，浙江传化公司下辖多个部门和基地，包括财务部、组培车间、种苗部、研发中心、生产部、运管部、花园中心、江川基地、成都种植基地和临安花卉产业基地。公司集科研、生产和销售于一体，业务范围涵盖种子种苗培育、花卉集约服务、新鲜蔬果生产、名贵中药材等领域。

浙江传化公司建立了产学研结合的技术创新体系，吸引了众多企业、高校和科研院所与其共同为现代农业服务。公司运用先进的生物工程科技和标准化的管理体系，致力于产业链创新。以工厂化理念为基础，坚持探索发展"公司+基地+农户"的模式，同时采取"抓两头"（研发和市场推广）和"带中间"（生产）的策略，为消费者和农户提供安全、健康的农产品和花卉园艺产品。

二、科技成果转化机制

作为一家农业科技企业，传化生物的科技成果转化实质上是与市场需求的对接过程。作为科技供给主体，传化生物根据市场的实际需求创造出符合市场需求的新技术、新产品和新工艺。市场则为这些创新成果和价值变现提供了新的桥梁和渠道。因此，传化生物的科技成果转化与市场需求的对接机制成为企业联系市场、打通科技与市场之间壁垒的重要方式。该机制主要由外在客观因素和内在动力因素构成。

通过外在客观因素，传化生物对市场需求进行深入研究和了解，掌握市场的发展趋势、消费者的需求和竞争对手的动态。基于这些信息，传化生物能够针对性地开展科技研发，创造出切实解决市场需求的科技成果。

内在动力因素则涉及传化生物内部的管理体系和创新驱动力。公司通过建立高效的科技管理体系，促进科研人员之间的合作和知识共享，提高科技成果的转化效率。同时，传化生物注重激励机制的建立，通过奖励制度、股权激励等方式激发员工的创新活力和积极性，推动科技成果的转化与应用。

通过外在客观因素和内在动力因素的相互作用，传化生物能够更好地把握市场需求，推动科技成果向市场转化，实现科技与市场的有机结合。这一机制的有效运行为传化生物提供了持续发展和创新的动力。

三、科技成果转化资金筹措机制

传化生物作为农业科技企业，在进行科技创新和科技成果转化时需要充足的资金储备和支持。资金的筹措机制对于传化生物承接科技研发项目以及后续的新产品、新工艺、新技术推广都起着重要作用。因此，建立一个长足有效的资金筹措机制能够帮助传化生物进行科技创新和技术成果转化。传化生物经过多次承接国家、省、市区级的科技项目，形成了一套相对固定的多层次、多元化、多渠道的资金筹措机制。

（一）多主体参与

在宏观层面，传化生物可以得到中央政府、地方政府以及归口单位的财政资金扶持。中央政府层面包括科技部、农业农村部的财政资金支持，地方政府以及归口单位层面包括杭州市政府和萧山区政府的资金支持，还有杭州市科委、萧山区科技局的专项财政扶持。在中观层面，传化生物有限公司和传化集团本身也会提供资金支持，传化集团根据传化生物的年度预算报表划拨战略资金供子公司使用。在微观层面，农户是传化生物主要的客户和推广对象，他们参与传化生物的科技创新和成果转化过程中也提供资金支持。

（二）多渠道互补

传化生物通过不同渠道引入资金，包括财政拨款、自有资金、集团战略资金下拨以及其他资金。财政拨款是企业承接国家级、省级、市区级科研项目时获得的政府财政补助，可以是数十万元甚至上百万元的支持。自有资金则是企业自身提供的资金，用于项目研发和科技成果转化的经费预算。集团战略资金下拨是传化集团作为传化生物的母公司每年划拨给子公司的资金，用于各自的业务经营和开发研究。此外，传化生物也鼓励与其建立合作关系的草本花卉种植大户进行投资参与，以增加资金流动的灵活性。

四、科技成果转化技术支撑机制

传化生物在浙江省众多农业企业中具有突出的地位，这得益于其强大的科技研发和创新实力。这种实力源自传化生物拥有一支高标准且精通技术的技术研发团队。同时，传化生物在科技研发和成果转化方面不仅仅依靠企业自身，还与农业科研院所和农业高校展开紧密合作，引进相关的海外花卉种苗育种专家提供技术指导。这种产学研相结合的合作模式为传化生物提供了强大的技术支撑，并逐步形成了"企业-农业科研院所科研合作"模式、"企业-高校联合创新"模式、"企业人才聘用和引进"模式以及"企业技术购买服务"模式的技术支撑机制。

（一）"企业–农业科研院所科研合作"模式

以传化生物为主体，与农业科研院所展开科技研发和成果转化的合作。传化生物在科技研发和成果转化过程中，有些项目需要借助农业科研院所进行合作。通过与农业科研院所合作，企业可以获取更丰富的技术资源，为技术研发和成果转化提供更全面和精细的技术支持。而农业科研院所则需要企业验证其拥有的科技知识和技术是否能够应用于现实农业生产，并实现生产和价值变现。例如，传化生物与浙江省农科院合作开展国家级星火项目"盐碱地设施西瓜品种选育与高效栽培模式的研究与应用"，在该项目中传化生物与浙江省农科院展开合作，共同开展研究与实地试验。

（二）"企业–高校联合创新"模式

以企业为核心单位，与农业高校展开科技联合创新。传化生物科技研发中心就是企业与农业高校共同搭建、进行科技联合创新的成果。通过科技研发中心的建立，传化生物既获得了独立的科创研发平台，又能从农业高校获得最新的农业科技研究和成果转化的数据。企业与农业高校的产学研联合创新使得企业具备了技术支持，而农业高校则能够正确研发市场所需的产业技术，实现市场与科技前沿的互通。传化生物与浙江大学农业与生命科技学院、南京农业大学、浙江农林大学、浙江大学城市学院等多所农业高校建立了科技合作关系，积极开展产学研合作项目。

（三）人才的聘用和引进

人才聘用和引进是传化生物作为农业科技企业在科技研发和科技成果转化中的重要资本要素。传化生物的人才聘用和引进可以分为三类。首先是正常的人才招聘，每年从国内农业院校招聘符合企业发展需要的专业人才，如植物学、作物学、农学、园艺、生物技术等相关专业的毕业生，以充实传化生物的研发团队。其次是企业的内部招聘和转岗，通过技术培训和进修的机会，助理工作人员可以获得科研能力，从而有机会在项目研发中发挥作用。最后是企业的人才引进，传化生物在科技研发和成果转化方面引进港澳台、国内和国外的技术人才作为技术支撑的核心力量。如图 6-1 所示。

图 6-1　"企业人才聘用和引进"模式

五、科技成果转化激励机制

激励使得人的潜能得到最大限度地发挥。从管理学角度来看，激励机制是一级组织用于调动其内部成员积极性全部要素的总和，简单来说就是调节人的需要、动机、行为与满足间的关系①。具体如图 6-2 所示。

（一）投入激励机制

传化生物获得了国家和地方政府设立的农业科技成果转化资金的支持。这些资金的设立旨在引导和鼓励企业将科技成果转化为现实生产力，并提供了财政资金补贴，使传化生物能够享受到政府的支持和资助。这些资金的补

---

① 信丽媛，王丽娟，张玉玮. 简析农业科研单位科技成果转化激励机制［J］. 山西农业科学 2017，45（2）：301-303.

图 6-2　激励机制类型

助可以用于科技创新、新产品开发、技术推广等方面，为企业的科技成果转化提供经济支持。

　　传化生物通过国家种业科技成果产权交易服务平台和全国农业科技成果转化交易服务平台等专业技术服务平台的开通，实现了与其他机构的合作与交流。这些平台为企业在自有专利开发和转卖上提供了技术服务、评估和交易等支持。通过这些平台，传化生物可以评估科学合理的拍卖价格，从科技成果转化中获得可观的收益。

　　地方政府出台了专项科技创新和科技成果转化政策，对企业的科技创新和成果转化起到激励作用。这些政策针对不同项目和成果转化的效益大小设立了奖励机制，包括物质奖励和荣誉证书。传化生物可以根据项目的类别和成果转化后产生的社会效益获得相应的奖励，如特等奖、一等奖、二等奖和三等奖等，这些奖励既是对企业的认可和鼓励，也是对研发人员的激励和肯定。

　　传化生物与相关科研院所、高校建立合作关系，共同开展科技创新和成果转化工作。通过与农业科研院所和农业高校的合作，传化生物可以获取外界更为丰富的技术资源，获得更加细致和全面的技术支持。这种产学研相结合的合作模式为企业的科技成果转化提供了技术支撑,并促进了产学研之间的交流和合作。

(二)利益激励机制

传化公司在利益激励机制方面采取了物质奖励制度和非物质奖励制度,以调动和激发科研人员在技术创新和科技成果转化中的积极性和创造力。

根据《浙江传化生物技术有限公司科技成果奖励制度》,公司设立了多个奖项,包括技术进步奖、专利发明奖、合理化建议奖等。这些奖项根据科研人员的技术创新项目、成果转化所带来的经济效益、社会效益、作用意义和技术难度的大小进行评定,并给予相应的物质奖励和荣誉证书。奖励的金额根据不同级别的奖项有所区分,涵盖了从 1 000 元到 100 000 元不等的范围,以激励科研人员在技术创新和成果转化中的优秀表现。

公司通过职务评聘和职位晋升系统来激励和奖励科研人员。根据公司制定的相关制度,科研人员可以通过评聘和晋升获得更高的职务和地位,进而获得更好的福利待遇和发展机会。这种非物质奖励制度体现了对科研人员的职业发展和个人成长的关注,鼓励他们在科技创新和成果转化中发挥更大的作用。

此外,传化公司还将科技成果收益分配作为利益激励的重要方式。在科技成果转让费方面,公司对科研经费投入主体、科研软硬件平台和科研人员进行分配。具体分配方式根据成果收益的来源和占比来确定,包括来自公司、合作企业、其他科研机构和国家纵向科研经费等不同渠道。这样的分配机制鼓励科研人员参与科技成果转化并分享成果收益,进一步激励他们积极投入到科技创新和成果转化中。

(三)责任激励机制

传化生物明确了农业科技成果转化过程中各参与主体的责任,对承接的项目有明确的任务和目标规定,并接受专家组的跟踪、监督和审计。同时,公司对研发人员的绩效考核也与农业科技成果转化相关，根据不同的岗位和领域制定了不同的考核管理办法。

这些激励机制的运用可以调动和发挥企业研发人员的工作积极性，促进科技成果的转化和应用推广，确保传化生物在科技创新和成果转化方面取得良好的创收效益和发展前景。

六、科技成果转化的风险机制

企业的科技成果在技术创新后成为一种产品，并具有其自身的产品生命周期。从企业确定一个课题项目进行技术攻关，到科技成果的开发、引进、成长、成熟，再到最终衰退并退出市场，这一过程符合产品生命周期理论。新产品、新工艺面临着市场的不确定性和风险。风险收益理论同样适用于企业的科技成果转化，其中存在着风险因素。如果企业的新产品、新工艺、新技术能够获得市场和客户（农户）的认可和接受，那么企业将获得可观的技术创新收益。然而，如果这些科技成果转化后的产品未能赢得市场和客户（农户）的认可，企业将需要自行承担风险。因此，企业的科技成果转化具有高标准、高风险和高收益并存的特征，应注意规避以下五类风险，具体如图 6-3 所示。

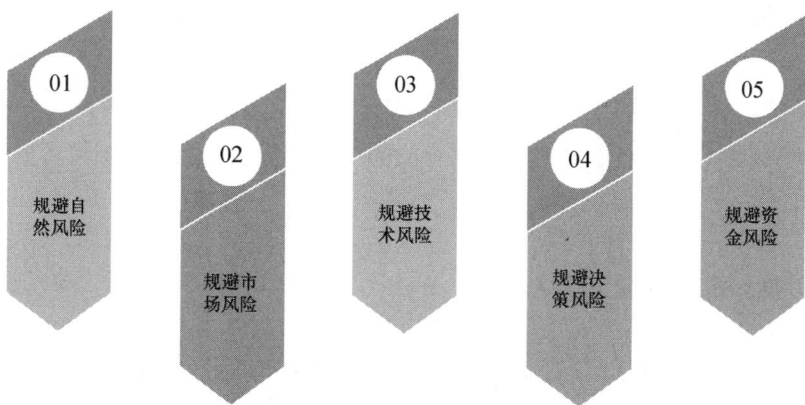

图 6-3 需要规避的几类风险

（一）规避自然风险

传化生物采取了预防和测报措施。与当地气象部门保持密切联系，做好农业自然灾害的预防工作，防止极端天气的出现。同时，与农业科研机构的专家合作，加强病虫害防治工作。在遇到突发自然灾害时，企业会驻守在实验室和试验基地，检查试验材料和设备的安全，并启动应急方案，确保安全转移。

（二）规避市场风险

传化生物建立了市场调研制度、把握市场需求的预测能力以及构建整个产业链。了解市场信息和动态，并避免同类技术成果的重复出现。同时，预测市场需求，将新技术和新工艺应用于主营产品，增强市场竞争力。此外，企业还重视构建上中下游的产业链，考虑产业规模和涨幅情况，引进新设备生产线，以及通过批发、零售、订单制和互联网电商等方式进行销售和推广。

（三）规避技术风险

传化生物采取了积极申报农业高新技术企业、选择符合市场认知的科研项目、在技术创新服务平台进行试验，以及建立技术指导委员会的措施。享受政府给予的优惠政策，选择符合企业能力范围的科研项目，并通过试验验证技术成果的可行性。同时，建立专业的技术指导委员会，评判技术成果的创新性、可行性、先进性和收益性，以确保技术的有效转化。

（四）规避决策风险

传化生物成立了科技成果转化专项办公室，由董事会和监事会的主要人员担任，负责管理和监督技术决策、项目审计和产业化运作等。通过分权和监督机制，避免单一负责人做出不理智的决策。另外，企业尽可能选择符合国家政策的科技创新和成果转化项目，以获得政府的专项资金补助，并规避决策风险。

（五）规避资金风险

传化生物确保稳定的资金来源和供应，并采取开发补偿金、"三支笔"制度以及财务审计等措施进行资金管理。设立开发补偿金以保证技术资金的稳定性，制定规范的财务管理制度，定期审查和审计技术设备购置、项目开发和技术成果转化的资金使用，以保证资金的合理利用。

第三节　智能行业领域

一、科技成果转化概况

宁波市智能制造技术研究院（甬智院）是由中国工程院谭建荣院士领衔的浙江大学博士团队和宁波本土优势企业联合创立的研究院。甬智院专注于智能制造前沿技术的研发、制造业转型升级赋能、产业项目孵化与加速以及高端人才培养等领域。其目标是引领前沿技术，推动产业集聚，培育产业生态，以服务制造业的高质量发展。

在智能制造方面，甬智院开展了多项科技成果转化的工作。其中，"建新"汽车底盘件智能工厂项目被选为2017年国家智能制造试点示范项目，成为全国智能制造的领先项目。改造后的"建新"数字工厂预计可提升30%以上的效率，降低22%以上的运营成本，以及降低40%的产品不良率。这个项目的成功示范了智能制造在提高效率、降低成本和优化产品质量方面的潜力。

甬智院还积极推动产学研合作，并与行业领先企业和优秀企业建立战略合作关系，以实现生态共赢。他们与全球智能制造领先企业如发那科（中国）、中国移动、海康威视、油机（中国）、重庆机床集团等联合打造协同共生新生态，并成立了 5G＋智能制造产业链生态合作联盟。通过引进更多智能制造产业链的领先企业，并让本土企业与国际优势企业共同学习和发展，甬智院加快了本土企业数字化、网络化和智能化的进程，为宁波争创制造业高质量发展试验区提供支持。

二、科技成果转化机制

甬智院与浙江大学博士团队和本土优势企业联合创立，利用资源和赋能模式，专注于智能制造前沿技术的研发、制造业转型升级赋能、产业项目孵化与加速以及高端人才的引育与输送。甬智院通过与行业龙头企业和优秀企业的战略合作，构建智能制造产业生态圈，并与全球智能制造头部企业联合打造协同共生新生态。这样的合作模式有助于加速科技成果的转化和推广，同时也促进了本土企业与国际企业的学习和协同发展。

与企业联合成立孵化项目公司，通过股权分配和绩效评估制度的设计，激励优质团队进行资源整合和市场对接。这种激励机制鼓励团队成员充分发挥创业激情，将科技成果迅速转化为市场上抢手的产品。此外，甬智院与各类针对产业技术研究院的激励政策和帮扶举措相结合，提供专项资金扶持、重大项目倾斜以及援企技术需求对接平台的搭建。这些举措为科技成果转化提供了支持和保障，使其成为研究院的重要考核指标。

通过专业化科技服务队伍和技术经纪人网络，弥补了专业化科技服务的短板。技术经纪人具有技术和市场双重背景，能够帮助科技成果与市场需求进行对接，推动科技成果的转化。此外，宁波市场以及县（市、区）级科技大市场也提供精准激励政策和专业化运作，支持科技成果的转化和需求对接。这些专业化科技服务的机制和措施有助于解决科技成果转化过程中的信息不对称问题，促进科技成果与市场需求的结合。

三、科技成果转化的经验借鉴

（一）产学研合作与技术孵化

宁波市智能制造技术研究院采取了一种密切的产学研合作模式，与浙江大学博士团队和本地的优势企业进行合作。这种合作模式实现了产学研一体化的合作关系，并取得了显著的成果。根据统计数据显示，宁波市目前已经建立了一系列的产业技术研究院，并成功实现了对"246"万千亿级产业集群的全覆盖支持。此外，这些研究院还承担了超过100项国家重大科技项目的研究与开发任务。

这种紧密的合作关系对于科技成果的转化起到了积极的推动作用。根据研究表明，产学研合作有助于加速科技成果的商业化进程，提高创新成果的市场化水平，从而有效促进科技成果的转化成功率和速度。通过与浙江大学博士团队和本土优势企业的合作，宁波市智能制造技术研究院能够充分利用各方的专业知识和资源，将科技研发成果转化为实际应用，并推动其商业化进程。

这种产学研合作模式的好处不仅体现在科技成果的转化效率提高上，还有助于推动创新生态系统的建设和发展。通过与浙江大学博士团队的合作，研究院能够吸引优秀的科研人才，并搭建起一个创新的学术交流平台。同时，与本土优势企业的合作也能够促进产业升级和技术创新，为宁波市的经济发展注入新的动力。

（二）创业孵化与技术经纪人服务

宁波市智能制造技术研究院通过创业孵化项目公司化改革的方式，积极推动优质团队进行资源整合和市场对接，从而加速科技成果的转化和商业化进程。这种创业孵化模式为有潜力的科技创新项目提供了重要支持，帮助创业团队将研究成果转化为商业价值。通过孵化项目，创业团队可以获得资金、技术、市场等多方面的支持，提高项目的成功率和市场竞争力。

同时，宁波市还注重建设专业化的技术经纪人队伍，提供中介服务，促进科技成果与市场需求之间的对接。技术经纪人作为中间人，具备专业的技术背景和市场洞察力，能够帮助科技创新项目进行市场调研、商业模式设计、技术转移等方面的工作。通过技术经纪人的服务，科技成果可以更好地与市场需求相匹配，减少信息不对称问题，提高科技成果转化的成功率。

根据相关数据显示，宁波市已经实现了高新技术企业、市级以上工程中心技术经纪人的全覆盖。这意味着在宁波市的创新创业过程中，可以得到专业化的科技服务支持，为科技成果转化提供了有力的保障。技术经纪人的专业素养和经验，能够帮助科研人员和创业团队更好地理解市场需求、把握商业机会，提高科技成果的商业化成功率。

（三）专业化科技服务平台建设

宁波市积极推动专业化科技服务平台的建设，包括科技大市场和产业技术研究院等，为科技成果的转化提供全方位的支持。这些科技服务平台通过对接技术需求、评估技术成果、提供创新技术产品等方式，促进科技成果向市场的转化和商业化进程。根据相关数据显示，已有超过 500 个科技成果转化项目进入孵化阶段。

科技大市场作为专业化的科技服务平台，提供了一个集中展示和交流创新科技成果的平台。它不仅为科研机构和创新型企业提供了宣传推广的机会，还为投资者和产业合作伙伴提供了寻找合作项目和商机的渠道。通过科技大市场的搭建，宁波市能够促进科技成果与市场需求的对接，为科技创新提供更广阔的发展空间。

此外，产业技术研究院作为另一种专业化科技服务平台，致力于提供专业的技术转移服务。它与高校、研究机构以及企业形成紧密的合作关系，通过技术评估、技术孵化、技术咨询等方式，帮助科技成果进行技术转移和商业化推进。产业技术研究院在专业化领域的深度研究和资源整合方面发挥着重要作用，加速了科技成果的商业化进程。

相关理论研究指出，专业化的科技服务平台能够提供专业化的技术转移服务，促进科技成果的转化和商业化进程。这些平台在市场需求分析、技术评估、商业模式设计等方面具备专业知识和经验，能够为科技创新提供有效的支持和指导。通过科技服务平台的建设，宁波市建立起科技成果与市场需求之间的桥梁，提高科技成果转化的成功率和速度。

（四）激励政策和支持措施

宁波市为促进科技成果转化提供了一系列激励政策和支持措施，以降低风险、减少成本，并鼓励创新创业。其中包括以下四个方面，如图6-4所示。

图6-4　激励政策和支持措施

1. 专项资金扶持

宁波市设立了专项资金，用于支持科技成果的转化和商业化发展。这些资金可以用于项目的研发、技术改进、市场推广等方面，为科技创新提供必要的财务支持。

2. 重大项目倾斜

宁波市针对重大科技项目，提供倾斜支持，包括资金、政策、资源等方面的特殊支持。通过对重大项目的重点扶持，可以引导科技成果向关键领域和战略性新兴产业倾斜，推动科技成果的快速转化。

3. 院企技术需求对接平台

宁波市智能制造技术研究院搭建了院企技术需求对接平台，促进科技成果与企业需求的对接。该平台通过梳理企业技术需求和研究院的技术资源，为企业提供定制化的科技服务，推动科技成果的转化和应用。

4. 产业联盟和合作平台

宁波市积极组建产业联盟和合作平台，汇聚产学研创各方的力量。通过合作共享资源、共同开展研发和创新，可以提高科技成果的转化效率和市场竞争力。

第四节　高等学校领域

一、高校科技成果转化概况

近年来，高校在创新生态系统中扮演着重要角色，作为科技成果的主要供给方，其转化对于国家创新体系具有重大意义。尽管高校科技成果转化取得了显著进展，但仍存在技术转移机构作用发挥有限、社会专业机构服务能力较弱、高校人才激励机制不健全等问题。为了进一步提高科技成果的转化成效，一些高校以创新生态系统的视角，瞄准国家战略与市场机遇，协同各方力量，整合资源要素，并实施创新链的全流程治理，为高校科技成果转化提供了宝贵经验。

在创新生态视域下，高校科技成果转化体系可以被视为以高校为创新主体、以科技成果转化为主要目标的创新生态系统。这个体系的驱动机制框架包括多个要素。首先，高校要加强与产业界、政府部门和社会专业机构的合作与对接，构建开放的创新生态系统，促进科技成果转化。其次，高校需要建立有效的科技成果评估与管理机制，以确保科技成果的质量和商业化潜力，提高转化成功的概率。此外，高校还应加强人才激励机制建设，为科研人员提供适当的激励和支持，鼓励他们积极参与科技成果转化工作。

以江苏大学为例，该校以创新生态系统的视角，致力于推动科技成果转化。他们通过加强与产业界和政府部门的合作，建立了密切的合作关系和良好的合作机制。同时，他们注重科技成果的评估和管理，通过严格的评估体系筛选出具有商业化潜力的成果，并提供专业支持和服务。此外，江苏大学还注重人才激励机制的建设，为科研人员提供良好的工作环境和激励措施，鼓励他们积极参与科技成果转化的工作。

二、江苏大学科技成果转化机制

2018 年，教育部公布了首批高等学校科技成果转化和技术转移基地名单，全国共有 47 所高校入选，江苏省有 3 所高校成功入选，其中江苏大学是其中之一。2019 年，江苏大学在技术合同额及增长量方面在江苏省高校中名列前三，也在省属高校中排名第一。江苏大学在科技创新与成果转化领域取得的成绩与学校着力打造协同创新主体、积极整合各类创新要素、努力提升创新链运行效率的相关举措密不可分。

（一）系统主体共生驱动机制分析

江苏大学科技成果转化的驱动力之一是系统主体的共生关系。大学、企业、政府和其他研究机构是科技创新的四大主体，他们在科技创新中共同成长，形成相互依存、相互促进的关系，这是科技成果转化的基础。大学提供最新的科研成果和人才培养，企业则将科研成果转化为实际产品，政府为创新活动提供政策支持和资金投入，其他研究机构为创新活动提供理论支持和技术指导。

（二）系统要素融合驱动机制分析

江苏大学在系统要素融合方面做出了很多努力。他们积极推动教育、科研、产业、政策等各要素的深度融合，为科技成果转化提供了良好的环境。例如，学校和企业之间的合作，不仅能使企业获取最新的科研成果，也能让学校更好地了解市场需求，提升研究的针对性和实用性。

（三）创新链进化驱动机制分析

创新链是科技成果转化的重要载体。江苏大学通过优化创新链的各个环节，提高创新链的运行效率，从而推动科技成果的转化。这种优化包括加强研究项目的选择、提高科研水平、加强成果的保护和推广等。

（四）创新生态视域下高校科技成果可持续转化的内在动力

江苏大学科技成果可持续转化的内在动力主要体现在：其一，学校的科研实力上，江苏大学拥有众多的优秀教师和科研团队，研究成果是科技成果转化的重要来源。其二，市场需求是科技成果转化的主要动力，江苏大学通过与企业合作，不断了解和研究市场需求，为科技成果转化提供了方向。其三，为政策支持，政府对科技创新的政策支持也是科技成果转化的重要动力，包括提供资金支持、优惠政策等。其四，学校的创新氛围：江苏大学鼓励学生和教师进行创新研究，这种积极的创新氛围也是推动科技成果转化的重要因素。

三、科技成果转化机制措施

（一）基于系统主体共生驱动机制促进成果转化

江苏大学通过实施"123行动计划"建立了系统主体间的共生关系，以推动科技成果的转化。这一计划将学校的发展与地方产业的需求相结合，确立了与地方的合作重点和服务行业，实现了双方的良性互动和协同发展。例如，在机械工程学院的实施下，江苏大学与105家企业展开了产学研合作。通过合作基地的建立，学院与工具企业和研究所建立了紧密的战略合作关系，为进一步的产学研战略联盟合作奠定了基础。

江苏大学还通过建立研发机构体系搭建了主体间的共生平台。学校已建立了 86 个各类研发机构，包括国家级研发平台、省级协同创新中心、重点实验室、工程技术研究中心等。通过这些研发机构，江苏大学与企业、政府以及其他高校实现了多主体在创新生态系统中的协同发展。这种协同发展有助于促进科技成果从研发主体向市场主体的转移，实现技术成果的科学价值向市场价值的转化。例如，江苏大学扬州（江都）新能源汽车产业研究院的合作，结合了学校在车辆工程领域的优势和江都区在新能源汽车产业的需求，通过政府、高校和企业的合作构建了产业技术创新创业平台，实现了技术转让、成果转化和产业化应用的可持续循环系统。

（二）基于系统要素融合驱动机制促进成果转化

学校充分利用人才优势，打通系统要素融合的中介堵点。通过多个渠道，学校充分挖掘人才资源并投入到技术转移转化领域。这包括积极选派教师参加挂职锻炼，让教师深入企业了解市场需求；注重年轻教师实践能力的培养，要求副教授必须有企业工程经验；充分利用校内退休教授资源，返聘退休教授参与技术转移转化工作；注重利用校外资源，特别是校友资源的开拓与挖掘。这些举措有效地拓宽了人才合作的渠道，促进了技术成果的转化。

江苏大学通过技术经理人队伍，融合各类系统要素打通成果转化的关键节点。学校与江苏省技术交易市场合作，成立了技术经理人事务所。技术经理人来源于不同渠道，包括聘任、招聘以及兼职人员，他们在校地和校企之间发挥着重要的协调和对接作用。通过技术经理人的"三诊模式"（坐诊模式、巡诊模式和会诊模式），学校促进了校地和校企的密切交流和合作，实现了从基础研究到市场终端的有效通路。

通过技术转移中心有限公司实现市场化的机构运行模式，提高系统要素的融合效率。技术转移中心有限公司是学校技术转移的重要市场化运营机构。该公司通过平台运营和项目运营两种途径，推动学校的科技成果转移转化工作。通过市场化运行，技术转移中心有效提高了科技成果转化各类要素和资源的融合集聚效率，提升了学校服务社会的水平。

（三）基于创新链条进化驱动机制促进成果转化

江苏大学以科研人员底层需求为基点，促进创新链源头的动能释放。学校制定了与科研人员利益相关的政策，例如将横向课题纳入职称评定体系，改变了高校"轻横向、重纵向"的科研格局，激发了教师实施成果转化的意愿；进行专利确权改革，为科研人员提供更大的成果处置权和激励。这些政策从制度上解除了科研人员的约束，增强了科研人员的积极性。

江苏大学以知识产权战略为抓手，实现创新链全流程的驱动管理。学校建立了知识产权管理的战略意识，将知识产权工作提升到推动科技创新和建设高水平大学的战略高度。通过强化组织配置和优化管理体系，江苏大学建立了全过程的知识产权战略管理系统。学校在专利创造、申请和转化阶段采取了相应的管理机制和政策，以确保知识产权在创新链各个环节的有效运营和保护。此外，江苏大学不断优化知识产权管理的制度体系，推动专利评价、资助政策等的优化，以及颁布相关的管理办法，进一步完善知识产权管理体系。

第七章　科技创新与成果转化的经验总结

第一节　国内外经验的对比与借鉴

一、国内外科技创新与成果转化的现状对比

科技创新和成果转化是推动现代社会发展的重要驱动力。不同的国家和地区由于其独特的历史、文化、经济和社会环境，科技创新和成果转化的现状存在显著的差异。其主要反映在如下四个方面，如图 7-1 所示。

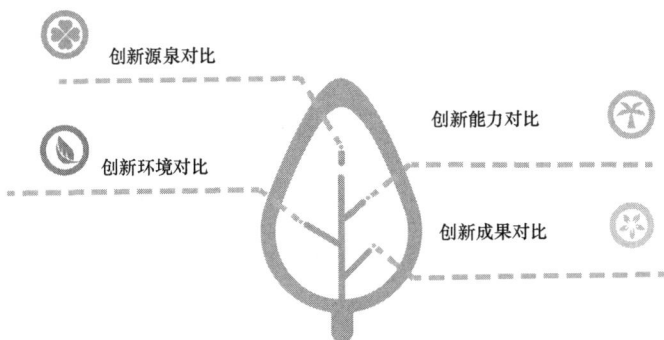

图 7-1　科技创新和成果转化的现状存在的差异

（一）创新源泉对比

创新源泉主要关注创新的来源，包括人才、资金、技术和知识。创新的主要驱动力来自国家政策的推动、大量的投资，以及庞大的市场需求。在人

才方面，中国拥有大量的科技人才储备，这在一定程度上推动了科技创新的进程。同时，中国的科技创新也得到了国家政策的大力支持。

而在国际上，尤其是在一些发达国家，例如美国，科技创新的主要驱动力来自于强大的研究机构和企业的支持，以及成熟的创新生态系统。这些国家在科技研发投入、专利申请数量、高科技产业占比等方面都处于领先位置。

（二）创新环境对比

创新环境主要关注影响创新的外部因素，如政策、法律、社会环境和市场条件。在创新环境方面，中国的科技创新环境在过去几年中得到了显著的改善。政府在政策、资金、法规等方面提供了大量的支持，促进了科技创新的发展。同时，中国的科技创新也受益于庞大的市场需求和快速的经济发展。

相比之下，发达国家如美国，其创新环境的成熟度和稳定性更高。这些国家拥有完善的法规体系来保护知识产权，有成熟的风险投资机制来支持创新，以及有丰富的创新经验和文化传统。一些高度发达的国家和地区，如硅谷和深圳，由于其强大的研发能力和快速的创新速度，成为全球知名的创新中心。

（三）创新能力对比

创新能力主要关注创新的能力和效率，包括研发能力、创新速度、创新转化效率等。一些高度发达的国家和地区，如硅谷和深圳，由于其强大的研发能力和快速的创新速度，成为全球知名的创新中心。而一些发展中的国家和地区，虽然研发资源可能相对有限，但通过提升创新效率，也能产生显著的创新成果。中国在一些领域，如人工智能、5G 通信、高速列车等领域表现出强大的创新能力。但在一些核心技术和基础研究领域，中国仍然存在一些短板，需要持续努力。在国际上，尤其是在发达国家，其创新能力方面水平更高。这些国家在核心技术、基础研究、高端制造等领域拥有领先的优势。

（四）创新成果对比

创新成果主要关注创新的产出和影响，包括技术成果、产品和服务、市场影响和社会价值。不同的国家和地区的创新成果可能会有所不同，这取决于其创新源泉、创新环境和创新能力。中国的科技创新成果在一些领域，如移动支付、电商、共享经济等方面已经达到了全球领先的水平。此外，中国在一些新兴领域，如人工智能、5G 通信、新能源汽车等方面，也取得了显著的成果。然而，在国际上，尤其是在一些发达国家，他们的科技创新成果更加广泛和深入。例如，美国的科技创新成果在信息技术、生物技术、空间探索等多个领域都处于全球领先的位置。

二、国内外科技创新与成果转化的成功案例借鉴

（一）国内的科技创新成功案例

1. 智能化管理系统的应用

CATL 是一家全球领先的锂离子电池制造商。该公司的宜宾工厂成为全球首个获得零碳工厂认证的工厂。CATL 在智能工厂管理系统方面取得了显著的突破，通过实时数据监控，能够计算出系统的最低总能耗。这种智能化的管理系统有助于优化生产过程，提高能源利用效率，减少碳排放。CATL 的成功案例表明，在科技创新中注重环境可持续性和能源效率有重要意义。智能化管理系统可以提供准确的数据和指标，帮助企业了解生产过程中的瓶颈和优化空间，进而优化生产计划、提高生产效率、降低能源消耗。这种系统的应用可以帮助企业实现精益生产和能源节约，同时减少对环境的影响。

2. 追求科技成果从数量到质量的转变

2016 年，宁波成为全国首批科技成果转移转化示范区，进行了一系列示范性探索，并颁布了《宁波市建设国家科技成果转移转化示范区实施方

案》，着力构建以企业为主体的协同转移转化体系，正处于从追求科技成果数量向追求成果质量转变的关键时期。宁波采取了多项举措，包括培育创新型初创企业、专精特新的"小巨人"企业和单项冠军企业，设立科技成果转化基金并制定管理办法，推动高校和研究院所开展成果转移转化，建立科技成果转化中心，并开展技术经纪人培训，提升科技转化服务能力。根据浙江省科技信息研究院发布的《2021 浙江科技成果转化指数》，浙江省的科技成果转化综合水平在 2015 年至 2020 年间不断提高，转化效果显著，其中宁波位居全省 11 个设区市的第二位。

然而，宁波在科技创新服务水平与国内先进城市相比仍存在差距，科技成果的质量参差不齐，科技成果质量限制了转化效果，科技转化服务机构的能级较低，科技成果转化机制不够健全等问题仍比较突出。

面对当前新形势和新情况下的经济社会发展，对科技创新成果转化为实际生产力提出了更高的要求。作为中国制造业强市、"中国制造 2025"首个试点示范城市和国家科技成果转移转化示范区试点城市，宁波亟需创新发展思路，改变传统的科技成果线性转换模式，强化科技成果的产业化属性，从产业中产生，又回归产业，推动创新链和产业链的深度融合。加快推动科技成果的落地转化，促进产业创新能力实现跨越式发展，不断优化创新创业服务体系，进一步激发全社会的创新活力。

3. 供应链的数字化优化

供应链的数字化优化加强了供应链的协同和协作能力。富士康通过数字化转型实现了工厂和价值链伙伴之间的数字化服务，建立了一个联动的供应链网络。通过数字化平台，不同环节的合作伙伴能够实时共享信息、协调资源和需求，从而实现供应链的协同运作。这种协同和协作能力大大提高了供应链的效率和灵活性，帮助企业更好地应对市场需求和变化。

数字化优化提高了供应链的可见性和透明度。通过数字化平台，富士康可以实时监控供应链各个环节的运行情况，包括原材料采购、生产进度、物流运输等。这种实时监控和数据共享使得企业对供应链的状态有了更清晰的了解，能够及时发现问题和瓶颈，并采取相应的措施加以解决。供应链的可见性和透明度有助于减少信息不对称，提高决策的准确性和迅速性。

数字化供应链实现了供应链的实时监控和数据共享，帮助企业快速应对市场需求变化和优化供应链配置。富士康通过数字化平台实现了供应链的实时监控，能够及时获取市场需求的变化情况，并迅速调整供应链的配置和资源分配。数据共享的机制也使得供应链各环节能够更好地协同配合，提高交付的准时性和灵活性。这种快速响应和优化能力帮助企业更好地满足客户需求，提升客户满意度和市场竞争力。

4. 物联网生态科技的构建

物联网生态科技的构建是一个重要的创新方向，可以带来生产效率、质量和成本效益的提升。海尔 COSMOPlat 的案例展示了如何通过建立基于大规模生产的 BaaS 引擎操作系统，实现客户参与整个制造过程，并提高生产效率、质量和成本效益。

物联网技术的应用实现了设备之间的互联互通和数据的实时采集与共享。通过将生产设备与物联网连接，企业可以实时监测设备状态、收集生产数据，并将数据进行分析和利用。这种实时数据采集和共享有助于企业了解生产过程中的细节和变化，实现生产过程的数字化和自动化。

物联网技术的应用可以实现生产过程的智能化、定制化和灵活化。通过物联网平台，企业可以将不同的设备、工序和环节进行连接和协同，实现生产过程的智能化控制和调度。此外，客户参与整个制造过程也成为可能，他们可以通过物联网平台实时跟踪产品生产状态、定制产品参数，并参与决策过程。这种定制化程度的提高和生产过程的灵活化有助于提高生产效率和产品质量。

物联网生态科技的构建还可以加强生产过程中的协作和透明度。通过建立开放、协同的物联网平台，不仅可以将内部各个环节连接起来，还可以将供应商、合作伙伴和客户等外部利益相关方纳入到生态系统中。这种协作和透明度的提升有助于加强供应链的协同配合、优化资源配置，并实现更高效的生产和交付效率。

5. 订单管理和生产流程优化

优化订单管理可以显著缩短订单交货时间，提高交付效率。通过建立E2E 订单管理平台，美的集团实现了订单信息的实时传输、处理和跟踪，从订单生成到交货环节实现了全流程的可视化和协同。这使得企业能够更好地掌握订单的状态和进展，及时调配资源和安排生产计划，以满足客户的交付要求。优化订单管理不仅减少了订单处理时间，还降低了存货成本，提升了企业对市场变化的响应能力。

通过技术的应用，实现生产流程的优化和自动化，可以提高生产效率和质量。美的集团引入技术到生产线中，通过自动化设备、智能控制和数据分析等手段，实现了生产过程的优化。自动化设备可以减少人为错误和资源浪费，提高生产线的稳定性和效率。智能控制和数据分析则帮助企业实时监测生产过程，发现问题和改进空间，从而提高产品质量和一致性。这种生产流程的优化和自动化可以提高生产效率，并提升企业的竞争力。

单管理和生产流程优化是国内科技创新与科技成果转化中的成功经验之一。通过优化订单管理，企业能够缩短订单交货时间、提高交付效率，并降低存货成本。同时，通过技术的应用，实现生产流程的优化和自动化，可以提高生产效率和质量。美的集团的案例表明，注重订单管理和生产流程优化可以实现更高效的生产和提升客户满意度。其他企业可以借鉴这些经验，优化订单管理和生产流程，提升竞争力和满足市场需求。

6. 环境保护和可持续发展

注重环境保护和可持续发展可以为企业赢得市场竞争力。在当前社会对环境问题越来越关注的背景下，企业积极关注环境保护和可持续发展，能够树立良好的企业形象，并满足消费者对环保产品和解决方案的需求。这种注重环境保护和可持续发展的企业形象可以为企业赢得市场份额,获得消费者的认可和支持。

技术创新和研发努力是实现环境保护和可持续发展的关键。三一重工通过技术创新和研发努力,推出更环保、高效的产品和解决方案。例如,开发和推广电动和混合动力建筑机械设备,以替代传统的燃油驱动设备。这种技术创新不仅减少了对化石燃料的依赖,还降低了污染物的排放,减少了对环境的影响。通过持续的技术创新和研发,企业能够不断提升产品的环保性能和可持续性,为可持续发展做出贡献。

注重环境保护和可持续发展有助于企业适应行业的变革和需求。随着全球环境问题的日益突出,各行各业都在朝着更环保、可持续的方向发展。在建筑机械行业,电气化和环保要求的提升已成为一种趋势。三一重工积极面对电气化挑战,寻求可持续的发展,使其在行业中具备竞争优势。这种注重环境保护和可持续发展的努力有助于企业与行业发展的趋势保持一致,为企业带来更多的商机和发展空间。

(二)国外成功案例借鉴

1. 科技巨头的集成生态系统

在科技创新方面,苹果公司是最成功的例子之一。苹果不仅在产品设计和用户体验方面赢得了全球用户的认可,更重要的是,苹果成功地构建了一个集成的生态系统,包括硬件、软件和服务。这种集成生态系统为苹果提供了竞争优势,使得公司能够控制整个产品和服务的价值链。比如,苹果的 iOS 操作系统与 iPhone、iPad 和 Mac 等设备紧密集成,为用户提供了无缝的体验。此外,苹果的 App Store、iCloud、Apple Music 等服务也构成了苹果生态系统的重要部分,帮助公司创造持续的收入。苹果的成功案例表明,科技创新不仅需要高质量的产品和服务,更需要构建完整的生态系统,实现产品和服务的集成。

2. 创新研发模式的运用

谷歌是全球科技创新的领军企业之一，其在云计算、人工智能、机器学习等多个领域都有突出的贡献。谷歌的研发模式，即"20%时间"制度，已经成为科技创新的典范。该制度允许员工将 20%的工作时间用于自己的创新项目，这种制度鼓励员工自主创新，产生了很多重大的科技成果，如 Gmail、Google News 等。这一制度表明，鼓励员工创新，赋予他们自主权，能够激发出员工巨大的创新潜力。

3. 数据驱动的个性化服务

Netflix 是一家全球领先的流媒体服务提供商，其成功的关键因素之一就是利用大数据和机器学习技术提供个性化的内容推荐。Netflix 会根据用户的观看记录和偏好，通过其强大的推荐算法，向用户推荐他们可能感兴趣的电影和电视剧。这种个性化的推荐服务提高了用户的观看体验，也提高了用户的使用时长和留存率。此外，Netflix 还利用用户数据来决定其原创内容的生产，确保其内容能够满足用户的需求。Netflix 的成功案例表明，科技创新可以通过数据驱动的个性化服务来提高用户体验，提升用户忠诚度。

三、国内外科技创新与成果转化的失败经验借鉴

（一）国内科技创新与成果转化的失败案例

近年来，国家出台了一系列促进科技成果转化的政策，初步取得了一些成效。一些企业通过交叉授让专利使用权等方式来保护自身的合法权益。然而，科技成果的转化率仍然相对较低。根据相关数据统计，中国前沿科技成果中只有 10%～30%被应用于实际生产，能够真正形成产业的科技成果仅约占其中的 20%，远低于欧美发达国家 60%～70%的水平。

1. 技术太过前沿，难以应用

科技创新是企业发展和社会进步的重要推动力。然而，在追求科技创新

和成果转化的过程中，一些企业可能会遭遇失败的案例。其中一个常见的失败经验是技术太过前沿，难以应用于实际场景。

当企业专注于追求技术的前沿性时，往往容易忽视技术的实用性和应用性。这意味着企业可能过于关注技术的创新性和潜力，而忽略了市场需求和商业可行性。企业可能因此会投入大量资源和资金来开发新技术，但由于技术的成熟度不够，市场需求受限，导致投资无法回收或无法实现预期的商业成功。

以虚拟现实（VR）技术为例，许多企业在过去几年中看到了其在娱乐、教育、医疗等领域的潜力，因此纷纷投资于该技术。然而，由于 VR 技术的成熟度和普及度仍有限，市场需求相对较小，导致许多企业在投入大量资源后无法实现预期的回报。科技创新不仅仅是追求技术的先进性和创新性，更重要的是要与市场需求相结合，关注技术的实际应用和商业可行性。在进行科技创新时，企业应该深入了解市场需求和趋势，确保所投入的技术能够满足实际需求，并且具备可行的商业模式。

技术创新也需要注重解决实际问题和提供实际解决方案。技术的前沿性固然重要，但其应用和实际意义更加关键。企业在进行科技创新时，应该将技术的实用性和应用性置于首位，确保技术能够解决实际问题，并满足用户的需求。

2. 忽视知识产权保护

知识产权保护在科技创新中扮演着至关重要的角色。然而，一些企业在国内科技创新与成果转化过程中忽视了知识产权的保护，这导致他们的创新成果遭受仿冒和侵权，严重损害了企业的利益和竞争优势。

在国内，一些企业在开发新产品或技术时，未能及时申请相关的知识产权保护，尤其是专利。这使得他们的创新成果容易被竞争对手仿冒，从而导致市场份额的流失和商业利益的丧失。此外，由于知识产权保护的缺失，企业可能无法通过法律手段维护自己的权益，进一步削弱了其在市场中的地位。

科技创新过程中应该高度重视知识产权的保护。申请专利是保护创新成果的重要手段之一，它确保了创新成果的独特性和独占性，为企业提供了法律上的保护措施。及早申请专利可以确保企业在技术创新领域具备竞争优势，并阻止他人未经授权使用或复制其创新成果。

企业还应该加强对知识产权的管理和保护，建立起全面的知识产权战略。这包括监测市场和竞争对手的行为，及时发现潜在的侵权行为，并采取合适的措施进行维权。此外，建立内部的知识产权保护意识和培训，确保员工了解知识产权的重要性，并积极参与保护工作。

国内科技创新与成果转化中忽视知识产权保护的失败案例，给其他企业提供了重要的借鉴。保护知识产权不仅是维护企业的合法权益，还有助于鼓励创新、提高科技成果的转化率，促进科技创新生态系统的良性发展。企业在科技创新过程中，务必要重视知识产权的保护，确保自身创新成果的合法性和独占性，以在竞争激烈的市场中取得长期的商业成功。

3. 缺乏科技创新的生态系统

科技创新的成功并不仅仅依赖于企业内部的努力，还需要一个完整的生态系统来支持和推动创新的发展。然而，在国内科技创新与成果转化过程中，一些企业缺乏完整的创新生态系统，这导致他们的创新项目难以实现预期的成功。

一个完整的创新生态系统包括多个要素，其中关键的包括创新资源、创新人才、创新政策和创新文化。

创新资源是推动科技创新的基础。这包括投入足够的研发资金、实验设施、科研设备等。一些企业在科技创新中可能面临资金不足的问题，导致无法充分支持创新项目的开展。此外，缺乏适当的实验设施和科研设备也会限制企业的研发能力。因此，企业应该致力于寻找和配置足够的创新资源，以支持科技创新的实施。

拥有高素质的科技人才可以为企业带来创新思维和技术能力，推动科技创新的发展。然而，在一些企业中，由于缺乏具备创新能力和专业知识的人才，导致创新项目无法得到有效推进。因此，企业应该注重人才培养和引进，建立起一支具备创新意识和能力的团队，以推动科技创新的实施。

创新政策在创新生态系统中具有重要作用。政府制定和实施支持创新的政策措施，可以为企业提供良好的政策环境和支持，降低创新风险，激励企业进行科技创新。然而，一些企业可能由于缺乏相关政策的支持，无法充分发挥创新潜力。因此，政府应该积极制定和实施支持创新的政策，为企业提供良好的创新发展环境。

企业需要培养积极向上的创新文化，鼓励员工提出新的想法和创新思维，为创新提供积极的氛围和支持。然而，一些企业可能缺乏创新文化，导致创新能力得不到有效释放。因此，企业应该注重创新文化的建设，通过创新奖励机制、开放式的交流平台等方式，激励员工参与创新活动，营造出积极的创新氛围。

（二）国外的科技创新失败案例

1. 高估市场需求

科技创新的成功不仅依赖于技术的先进性，也依赖于市场的需求。若高估市场需求，可能会导致失败。例如，Seg way 的电动滑板车在推出时被誉为会改变城市交通方式的技术，但由于其昂贵的价格和对城市环境的适应性问题，使得这一产品并未得到广大市场的接纳，最终以失败告终。这一失败经验表明，科技创新应该对市场需求有准确的判断，避免高估市场需求。

2. 过于依赖单一产品

如果过于依赖单一产品，可能会导致企业面临巨大风险。例如，Black Berry 手机曾经一度领先于智能手机市场，但由于过于依赖其独特的物理键盘设计，没有及时跟上全触摸屏的趋势，最终被苹果和安卓等智能手机厂商逐渐超越。科技创新应该注重多元化，避免过度依赖单一产品或技术。

3. 忽视用户体验

如果忽视用户体验，可能会导致产品失败。例如，Google Glass 在发布时被认为是未来的趋势，但由于其侵犯隐私、不舒适的佩戴体验以及昂贵的价格，使得这一产品并未被市场接纳。科技创新应该关注用户体验，确保产品满足用户的实际需求和使用习惯。

四、国内科技创新与成果转化的路径选择

（一）市场导向

科技创新应以市场需求为导向，这点至关重要。无论有多高的技术含量，如果技术创新无法解决现实问题或满足市场需求，其转化成果很可能会流于形式。市场导向的科技创新应始终关注技术的实用性和应用性，这意味着要深入研究市场需求，敏锐洞察市场趋势，对产品和技术进行持续的优化和改进。只有符合市场需求的科技创新，才有可能被市场接纳，进而产生经济效益。另一方面，科技创新还需要警惕技术追求的盲目性，避免过度追求技术前沿而忽视了技术的实用性和市场接受程度。

（二）保护知识产权

科技创新成果的产生需要巨大的研发投入，而知识产权的保护可以防止科技创新成果被非法复制或窃取，保障企业的经济利益。此外，知识产权还可以帮助企业建立技术壁垒，赢得竞争优势。因此，企业在进行科技创新的同时，应该注重知识产权的申请和维护，包括专利、商标、版权等。同时，企业还需要建立一套有效的知识产权管理和保护体系，提升知识产权的运用和保护能力，推动科技创新成果的有效转化。

（三）数字化和智能化

数字化和智能化是现代科技创新的重要趋势。在生产管理方面，智能化管理系统可以实时监控生产过程，准确计算能耗，优化生产计划，提高生产效率，减少碳排放。在决策支持方面，大数据分析可以深入了解生产过程，发现潜在问题和优化空间，预测市场需求，优化供应链管理。在市场营销方面，数字化营销可以通过数据分析了解消费者需求和行为，制定精准的营销策略。通过数字化和智能化，企业不仅可以提高运营效率和质量，还可以获得更深入的市场洞察，制定更准确的战略决策。

（四）构建创新生态系统

科技创新需要一个完整的生态系统支持，包括科研资源、创新人才、创新政策和创新文化等。在资源方面，企业应与政府、学界、投资机构等各方建立合作关系，形成创新合作网络，共享创新资源。企业应建立一套完整的人才培养和激励机制，吸引和保留优秀的创新人才。在政策方面，企业应积极争取政府的科技创新政策支持，优化创新环境。在文化方面，企业应建立鼓励创新、容忍失败的创新文化，激发员工的创新激情。

（五）关注用户体验

在产品设计和开发过程中，企业应始终以用户为中心，深入理解用户需求，优化用户体验。用户体验不仅关乎产品的功能性和可用性，更关乎用户的情感需求和认知体验。优秀的用户体验可以使产品在竞争激烈的市场中脱颖而出，赢得用户的青睐。因此，应该注重用户体验的设计和优化，提升产品的市场接受度和竞争力。

（六）多元化和灵活性

科技创新应该注重多元化和灵活性，在技术路线选择上，企业应保持开放和多元化的视角，积极探索和尝试各种可能的技术路径。在市场策略上，企业应保持灵活和敏捷，及时响应市场变化，调整市场策略。多元化和灵活性可以使企业在面对技术变革和市场波动时，具有更强的适应能力和竞争力。

第二节　成功案例的启示与教训

一、分析成功案例的关键要素

成功案例的关键要素如图 7-2 所示。

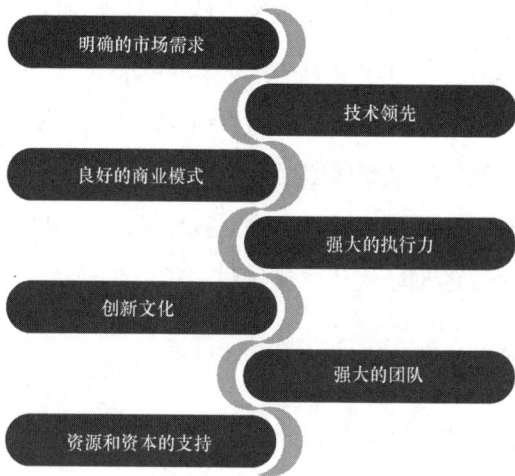

图 7-2　成功案例的关键要素

（一）明确的市场需求

其产品或服务解决了用户的真实需求，为用户提供了实际的价值。这种价值可以体现在提高效率、降低成本、提高生活质量等方面。例如，CATL的智能化管理系统通过实时监控和数据分析，帮助公司优化生产过程，提高能源效率，减少碳排放。这种系统直接满足了现代制造业对高效、环保生产过程的需求。通过满足市场需求，科技创新案例可以获得广泛的用户认可和市场份额。

（二）技术领先

技术在行业中具有领先地位，能够帮助企业在竞争中获得优势。这些技术可以是新的材料、先进的算法、高效的生产工艺等。例如，中信戴卡的"AI+平台"利用人工智能技术将大量的制造数据转化为决策支持工具，提高了企业的生产效率和质量。通过技术领先，科技创新案例可以在市场上展现出差异化的竞争优势。

（三）良好的商业模式

商业模式能够生成可持续的收入，保证企业的长期发展。这种商业模式可以基于产品销售、订阅服务、广告等多种形式。例如，富士康的数字化供应链优化使企业能够实时响应市场需求，提高了企业的运营效率和市场竞争力。通过建立良好的商业模式，科技创新案例可以实现商业可行性，并吸引投资和合作伙伴的支持。

（四）强大的执行力

无论是商业策略的制定和执行，技术研发的推进，还是市场营销的推广，都需要执行力来驱动企业的行动。强大的执行力能够帮助企业快速将想法转化为现实，并有效地应对挑战和困难。例如，科技企业需要有高效的项目管理、团队协作和资源调配能力，以确保项目按计划顺利进行。具备强大的执行力，科技创新案例能够更好地实现商业目标，并保持持续的竞争优势。

（五）创新文化

成功的科技创新案例往往背后有一种鼓励创新、容忍失败的文化。这种文化鼓励员工积极思考、勇于尝试，并从失败中吸取经验教训。创新文化可以通过培养创新意识、提供创新资源和奖励机制来营造。例如，Google 的"20%时间"政策鼓励员工抽出一部分工作时间来进行个人的创新项目，这种政策已经催生出了许多成功的产品和服务。创新文化可以激发员工的创造力，推动科技创新案例的涌现。

（六）强大的团队

一个强大的团队能够共同解决问题，共同推动创新的实现。团队成员之间的合作与协调对于科技创新的成功至关重要。例如，特斯拉的工程团队在电动车技术研发方面的突破就是一个很好的例子，他们的专业知识和团队合作使得特斯拉能够在电动车领域取得领先地位。强大的团队能够汇集各种专业技能，协同工作，推动科技创新案例的发展。

（七）资源和资本的支持

足够的资源和资本的支持是其发展的必要前提，这些资源可以是技术、人才、设备，也可以是金钱。资本的支持不仅可以帮助企业获取必要的资源，还可以帮助企业在创新过程中承受风险和压力。例如，很多初创公司依靠风险投资来支持他们的科技创新活动。有充足的资源和资本支持，科技创新案例可以更好地进行研发和推广，实现商业化和规模化。

二、如何避免在创新与转化过程中的常见错误

（一）维护良好的市场敏感度

为了避免忽视市场需求，企业需要建立和维护一种对市场高度敏感的文化和机制。这意味着企业应该不断进行市场研究，以了解市场的动态和趋势，预测未来的发展方向。只有通过对市场的深入洞察，企业才能抓住机遇、应对挑战。

市场研究是获取市场信息的重要手段。企业应该投入资源，进行定期的市场调查和分析，了解消费者的需求、偏好和行为模式。这样可以及时发现市场的变化和趋势，同时，企业还可以通过市场调研与消费者进行直接互动，了解他们的反馈和意见，从中获取创新的灵感。

企业应该积极倾听用户的需求和意见，通过各种途径，如在线调查、客户服务热线、社交媒体等，与用户进行互动。这种用户反馈机制可以帮助企业更好地了解用户的真实需求，及时发现问题和改进空间。同时，企业还可以通过与用户的密切合作，实现共同创新，提供更符合市场需求的产品和服务。培养员工对市场的敏感性和洞察力，让每个员工都成为市场的观察者和参与者。此外，企业还可以建立市场信息的收集和共享机制，促进不同部门之间的交流与合作。只有在一个具有市场敏感度的企业文化中，创新才能更加贴近市场需求，转化为商业价值。

（二）保持适度的技术前瞻性

企业在进行科技创新时，应该保持适度的技术前瞻性。这意味着企业需要不断关注和研究最新的技术发展，但同时也要考虑市场的接受程度和商业可行性。

保持技术前瞻性需要企业建立一个专门的研发团队或部门，负责跟踪和评估最新的技术趋势和创新。这个团队应该与市场部门和业务部门保持紧密联系，共同制定技术发展的战略和规划。同时，企业还可以与高校、研究机构和行业协会等建立合作关系，获取更多的技术信息和资源。

然而，企业在追求技术进步的同时，也要谨慎考虑技术的可行性和商业化的可能性。创新的技术往往需要时间和资源来进行研发和验证，而市场的接受速度可能会有限。企业需要在技术研发和市场推广之间找到一个合理的平衡点，避免陷入"过早的创新"的困境。

为了保持适度的技术前瞻性，企业应该建立一个清晰的技术路线图和规划，将技术的研发和商业化过程相结合。同时，企业还应该与供应商、合作伙伴和客户保持密切的合作和沟通，共同推动技术的应用和商业化进程。

（三）建立清晰的商业模式

为了避免商业模式不清晰的问题，企业需要在创新初期就开始思考商业模式的设计和构建。商业模式是企业如何创造、交付和捕捉价值的关键要素，它涵盖了产品定位、市场定位、盈利模式等多个方面。

应该根据市场需求、产品特性和自身优势，设计出一个清晰、可行的商业模式。商业模式应该能够有效地满足市场需求，并具备可持续竞争优势。在设计商业模式时，企业应该考虑产品的核心价值、目标用户群体、销售渠道、营收来源等关键要素，并对其进行合理的组合和配置。

定期检查和调整商业模式，以适应市场的变化和发展。市场是不断变化的，新的竞争对手、技术创新、消费趋势等因素都可能对商业模式造成影响。企业应该保持对市场的敏感度，及时识别出商业模式中存在的问题和潜在的改进空间，并采取相应的调整措施。

借鉴和学习其他成功企业的商业模式，通过对行业的深入了解和分析，发现创新的商业模式机会。通过与合作伙伴的协同合作和资源共享，企业可以进一步优化和完善自身的商业模式。

（四）建立创新驱动的组织文化

建立创新驱动的组织文化是确保企业在创新与转化过程中避免常见错误的关键因素之一。这种文化应该鼓励员工提出新想法、尝试新方法，同时也要容忍失败并从中吸取教训。

领导者应该成为创新的榜样积极支持和推动创新活动，表达对员工的鼓励和赞赏，同时也要提供必要的支持和资源。营造一种开放和包容的氛围，让工敢于提出自己的想法和意见，鼓励其参与创新项目并给予适当的奖励和认可。

企业应该建立创新的评价和激励机制。如包括设立专门的创新奖励制度，开展创新项目的评选和表彰活动，为有创新成果的团队和个人提供特殊的晋升和发展机会。进而激发员工的创新潜能，提高创新的积极性和投入度。

另外，注重员工的培训和发展，提升其创新能力和思维方式。创新需要不断学习和积累，企业可以通过培训课程、工作坊、研讨会等形式，为员工提供相关的知识和技能培训，进而参与到创新活动中。创新不可避免地伴随着试错和失败，将失败看作是学习和改进的机会，鼓励员工从失败中吸取教训，不断改进和创新。

（五）强调跨部门合作和沟通

在创新和转化过程中，不同部门之间的合作和协作能够促进资源的整合和知识的共享，推动创新的顺利进行。企业应该定期召开跨部门会议和项目评审会等活动，为不同部门的员工提供交流和合作的机会。通过这些会议，各部门之间可以增进理解、加强沟通，并协调共同目标，以便更好地解决问题、共享资源，推动创新与转化的进展。此外，企业还可以建立跨部门的项目团队，由不同部门的员工组成，共同参与创新与转化项目。

设立专门的项目管理机构或指导小组，负责跨部门项目的协调和管理，确保各个部门的合作顺利进行。积极鼓励员工之间的合作和知识共享，通过内部社交平台、知识库、分享会议等形式，促进员工之间的交流和合作。企业可以设立奖励机制，鼓励员工积极分享知识和经验，推动跨部门合作的发展。

（六）管理风险和不确定性

在创新与转化过程中，管理风险和不确定性是企业必须重视的关键要素。企业应该制定全面的风险管理策略，以评估和管理各种可能的风险。这包括对技术风险、市场风险、竞争风险等进行综合评估。通过建立风险管理计划和风险识别评估机制，企业可以识别和量化潜在的风险，并制定相应的应对措施。此外，风险管理应该是一个持续的过程，企业需要不断监测和调整风险管理策略，以适应不断变化的外部环境和内部条件。

企业应该具备灵活性和适应能力，以应对不确定性的挑战。市场需求可能发生变化，竞争态势可能调整，这会带来不确定性。为了应对这种不确定性，企业应该具备敏锐的市场洞察力，及时获取市场信息和用户反馈，以便根据变化的情况做出决策调整。同时，企业还应该建立灵活的组织结构和流程，以便迅速响应和适应变化。灵活性和适应能力使企业能够及时调整创新方向和策略，保持竞争优势。

（七）关注用户体验和市场反馈

关注用户体验和市场反馈是企业成功创新和转化的关键。通过与用户保持良好的沟通和互动，企业能够了解用户的需求和期望，并及时获取他们的反馈。这些反馈和需求将成为企业改进产品和服务的重要依据。通过不断提升用户体验，企业能够建立忠诚的用户群体，增加市场份额。同时，市场反馈也可以揭示市场的动态变化和竞争对手的优势，帮助企业做出准确的决策和调整战略。

第三节　有效实践的推广与应用

一、有效实践的识别与筛选

在科技创新与成果转化的过程中，识别与筛选有效实践是实现知识和技术转移的关键。为了确保科技创新与成果转化的成功，需要深入理解有效实践的识别与筛选过程，以便精确地确定适合特定环境和需求的实践。

识别有效实践的首要任务是建立清晰明确的标准。这些标准定义了实践是否有效的准则。比如，实践能否提高生产效率、降低成本、提升新产品或服务的质量等。此外，考虑到科技创新的全球性和跨领域性，实践的一致性、可复制性和跨领域或环境的转移性也是评估标准的重要组成部分。

在构建评估标准的同时，评估实践是否达到这些标准的机制也需要考虑。绩效评估被广泛认为是评估实践有效性的关键手段。绩效评估通常需要结合定性和定量的方法，以便全面了解实践的效果。定性方法通过访谈、观察、案例研究等方式，可以深入理解实践的运行机制和影响因素。而定量方法，如数据收集和分析，可以量化实践的效果，并与预设的标准进行比较。

识别出符合标准的有效实践后，就需要进入筛选过程。这一过程需要考虑许多实际因素，例如实践的可行性、在特定环境中的可应用性，以及实践的可持续性和可持续发展性。考察实践的可行性主要涉及实践是否需要特殊的资源，如设备、资金或技能，以及获取这些资源的难度。而评估实践的可应用性，主要是看实践是否适合特定的环境或条件，这包括文化、政策、市场等因素。至于实践的可持续性和可持续发展性，主要是考虑实践在长期运行中是否能保持其效果，以及是否能适应和应对未来可能的变化。

识别和筛选有效实践的过程是动态的，需要不断迭代。一方面，通过识别和筛选，能够收集更多关于实践的信息，以便更好地定义和调整标准。另一方面，根据应用结果和反馈，可以持续优化和改进实践，以提高其效果和适应性。

二、有效实践的传播与推广策略

有效实践的传播与推广在科技创新与成果转化中发挥着至关重要的作用。实施精心设计的传播与推广策略，可以让更多的人了解并理解有效实践，进而在适当的环境和条件下将其应用，从而推动科技创新与成果转化的成功。

教育和学习活动是传播有效实践的关键方式。这类活动可以多种形式呈现，包括但不限于研讨会、工作坊、在线课程等，具体形式取决于实践的内容和目标受众的需求与特性。其中，研讨会和工作坊可以提供互动的学习环境，让参与者有机会直接从实践者那里获取知识和技能。在线课程则可以覆盖更广泛的受众，无论他们身处何地，都能通过网络获得实践的知识和技能。这些教育和学习活动不仅提供了实践的具体知识和技能，还可以提供关于实践的理论和背景信息，帮助参与者理解实践的价值和意义。

媒体和平台则是推广有效实践的重要工具。通过这些媒体和平台，可以将实践的信息传播给各类受众，包括同行、客户、投资者等。具体的媒体和平台可能包括社交媒体、博客、专业杂志、新闻媒体等。其中，社交媒体和博客可以迅速并广泛地传播信息，而专业杂志和新闻媒体则可以提供深度和全面的报道。在选择媒体和平台时，需要考虑其覆盖范围、目标受众以及信息的表达方式等因素，以确保信息能够有效地传达给目标受众。

此外，建立和维护合作伙伴关系也是推广有效实践的重要策略。通过与其他组织和行业的合作，可以实现实践的共享和交流，从而提高其在更广范围内的可见度和影响力。合作伙伴可能包括同行、行业协会、研究机构、政府机构等。通过合作，各方可以互相学习，共享资源，一起推动科技创新与成果转化的进程。

有效实践的传播与推广策略涵盖了教育和学习活动、媒体和平台的选择、合作伙伴关系的建立等多个方面。适当地运用这些策略，可以有效地推动科技创新与成果转化的进程，为社会的进步和发展做出更大的贡献。

三、有效实践在不同领域的应用

有效实践的应用是科技创新和成果转化的最后一步，但也是最重要的一步。在这一步中，实践被应用到具体的环境和任务中，以实现实际的改变和效果。具体领域如图 7-3 所示。

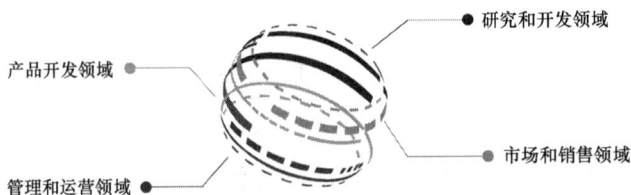

图 7-3　有效实践应用的不同领域

（一）产品开发领域

在产品开发领域，有效实践可以涵盖广泛的方法、工具和流程。比如，新的设计方法如设计思维、用户驱动设计和协同设计，可以帮助团队更深入地理解用户需求，创造出更符合市场需求的产品。开发工具如计算机辅助设计（CAD）软件和三维打印，可以加速产品原型的制造和迭代，节省时间和成本。流程如敏捷开发和瀑布模型，可以提高开发效率，减少错误和风险。这些实践的应用，可以帮助企业和组织提高产品的性能，降低成本，快速响应市场变化。

（二）管理和运营领域

在管理和运营领域，有效实践可能包括新的管理理论、组织结构和决策工具。如精益管理、平台化管理和数据驱动决策，这些理论和工具可以帮助企业和组织更高效地运用资源，应对复杂和不确定的环境。平台化管理，尤其适用于面对大规模用户和多样化需求的企业，可以帮助他们更好地集成和协调资源，提供一体化的服务。

（三）研究和开发领域

在研究和开发领域，有效实践可能包括新的研究方法、合作模式和知识转化途径。如跨学科研究、公开科学和大数据分析，这些实践可以帮助研究者开展更深入、更广泛的研究，提高研究的质量和影响力。跨学科研究，尤其适用于面对复杂问题的研究，可以帮助研究者整合不同学科的知识和方法，提供更全面的解决方案。

（四）市场和销售领域

在市场和销售领域，有效实践可能包括新的市场策略、销售渠道和客户关系管理。如数字营销、社交媒体营销和个性化销售，这些实践可以帮助企业和组织更有效地接触和吸引客户，提高销售和市场份额。数字营销，尤其适用于面对大规模用户和多样化需求的市场，可以帮助企业和组织精准地投放广告，提供个性化的产品和服务。

四、评估有效实践的推广效果与提升方式

（一）评估有效实践的推广效果

评估有效实践的推广效果是确保实践能够达到预期目标并产生预期影响的重要步骤。为了评估实践的推广效果，可以采用以下方法：

1. 设定关键绩效指标（KPIs）

关键绩效指标是用来衡量实践推广效果的量化指标。可以根据推广目标和预期影响，设定相关的 KPIs。例如，知名度可以通过实践相关的社交媒体关注度、搜索量等进行衡量；接受度可以通过参与人数、反馈调查等进行衡量；应用率可以通过实践的实际应用情况和采纳率进行衡量。定期监控这些 KPIs 的变化，可以了解实践的推广效果，并与预期效果进行比较，识别出改进和提升的机会。

2. 定性数据收集和分析

除了定量评估，定性数据收集和分析也是评估实践效果的重要补充。通过访谈、观察和案例研究等方法，可以深入了解实践的运行机制、影响因素和实施过程中的挑战。定性评估可以提供更丰富、更细致的信息，帮助理解和解释定量评估的结果。通过定性评估，可以获得用户的观点和体验，发现实践推广中的潜在问题和改进点，并提供具体的建议和改进方向。

综合使用定量和定性的评估方法可以全面了解实践的推广效果。定量评估提供了具体的数字和指标，可以客观地衡量实践的影响力和应用情况。定性评估则提供了更深入的理解和解释，有助于揭示实践推广过程中的细节和特定情境下的效果。通过综合分析定量和定性的评估结果，可以得出更全面

和准确的评估结论，并为进一步提升实践的推广效果提供有针对性的建议和改进措施。

（二）提升实践的推广方式

提升实践的推广方式是基于评估结果，通过改进传播策略、教育和培训方法以及实践本身来提高实践的推广效果。

首先，寻找新的传播和推广渠道是一种提升实践推广的方式。评估结果可以指导并利用新的媒体和平台，建立合作伙伴关系，进入新的市场和受众群体。这样的渠道拓展能够扩大实践的传播范围，提高其知名度和影响力。

其次，改进教育和培训方法对于实践的推广具有重要意义。根据评估反馈，可以引入新的教学模式、学习资源以及评估和反馈机制。这些改进措施可以帮助受众更好地理解和掌握实践，提高其应用效果。通过提供个性化的培训方案，根据不同受众的需求和特点，可以进一步提升实践推广的效果。

最后，改进实践本身也是提升推广效果的关键。评估结果可以为提供改进实践的指导。这包括引入新的理论和方法、采用新的工具和设备，以及优化组织和管理方式。这些改进措施能够直接提高实践的效果，并增强其在不同环境和条件下的适应性和可用性。

第四部分

科技创新与成果转化的
未来展望

在当今快速发展的世界中，科技创新和成果转化成为推动社会进步和经济繁荣的重要引擎。面对数字化和人工智能的迅猛发展，需要思考如何利用这些技术的力量来推动创新和成果转化。在这个不断变化的世界中，建立开放的创新生态系统、加强全球合作和开放创新也变得尤为重要。科技创新和成果转化的道路需指明方向，以实现更加繁荣和可持续的未来。

第八章 科技创新与成果转化的
趋势与挑战

第一节 技术发展的新趋势

一、当代技术发展概述

科技在人类社会的发展进程中占有重要的地位,各种新技术的出现和发展推动了人类社会的进步。在当今的科技发展趋势中,人工智能,区块链,云计算,量子计算等都是极为关键的领域。

人工智能以模拟和扩展人类的智能为核心,通过大数据和深度学习等技术,实现对人类行为的模拟和智能化处理。在医疗、教育、商业等多个领域内,人工智能已经取得了显著的应用成果。

区块链技术以其去中心化、公开透明的特性,正在革新金融、供应链、版权保护等领域。其核心价值在于提供一个公平、公正的网络环境,保证信息的真实性,使得所有参与者都可以在信任的基础上进行交易。

云计算则将计算资源如硬件和软件虚拟化,并通过网络提供给用户,极大地提高了资源利用率和计算效率。而且,云计算为大数据的存储和处理提供了可能,进一步推动了其他技术的发展。

量子计算则是一种全新的计算方式,利用量子态的叠加和纠缠等特性进行高效计算。虽然目前量子计算还处于初级阶段,但其巨大的潜力已经吸引了全球的科研力量进行深入研究和探索。

新技术不断涌现,不仅改变了传统的产业结构,也推动了新的产业发展。对科技创新和成果转化产生了深远影响。新技术的发展和应用,可以为科技创新提供新的思路和方法,也可以为成果转化提供新的途径和工具。新技术的发展,无疑会加快科技创新的步伐,促使更多的科技成果得以实现和应用。

二、新兴技术的发展趋势

新兴技术发展趋势如图 8-1 所示。

图 8-1　新型技术发展趋势

(一)生物技术领域

在生物技术领域,基因编辑和生物制药是两个重要的发展方向。基因编辑技术,例如 CRISPR-Cas9,使科学家能够准确地修改生物的遗传信息,这项技术对医疗、农业等领域具有颠覆性的影响。

基因编辑技术的突破使得能够更精确地修改生物体的基因组,从而开辟了新的治疗途径和解决方案。在医疗领域,基因编辑可以用于治疗遗传性疾病,通过修复或替换有缺陷的基因来恢复正常功能。此外,基因编辑还可以用于癌症治疗,通过靶向编辑癌症相关基因来抑制肿瘤生长和扩散。

另一个重要的发展方向是生物制药,它利用生物技术生产和开发药物。免疫疗法和基因疗法是生物制药中的两个关键领域。免疫疗法利用人体自身的免疫系统来对抗癌症和其他疾病,通过激活、增强或改善免疫系统的功能来达到治疗效果。基因疗法则是通过向患者体内引入修复性基因来治疗遗传性疾病或疾病相关基因的缺陷。未来，基因技术的进一步发展将有可能带来更为精确和个性化的医疗解决方案。

（二）能源技术领域

在能源技术领域，清洁能源和能源存储技术正引领着新一轮的革新。可再生能源如太阳能和风能的研究和应用日益广泛，这不仅提供了对环境更友好的能源解决方案，也为全球能源结构的优化提供了可能。

太阳能是一种广泛可利用的清洁能源，通过太阳能电池板将太阳能转化为电能。随着太阳能技术的不断进步和成本的降低，太阳能发电的规模和效率都在不断提高。此外，太阳能的分布广泛，可以在城市和农村地区都得到应用，为能源供给提供了多样化的选择。

风能是另一种重要的可再生能源，通过风力发电机将风能转化为电能。风能资源丰富，风力发电已成为全球发展最快的清洁能源之一。风力发电具有可再生、无排放和地域广泛等优势，可以在陆地和海上进行，为能源转型和碳减排做出了重要贡献。

此外，能源存储技术的进步也对能源领域带来重大影响。能源存储技术包括锂电池、氢能存储等，它们可以储存和释放能源，满足能源供需之间的时空差异。锂电池作为一种成熟的能源存储技术，广泛应用于电动汽车、可再生能源储能等领域。氢能存储技术则具有高能量密度和长期储存的潜力，可支持分布式能源系统和可再生能源的大规模应用。

（三）信息技术领域

在信息技术领域，新兴技术如 5G 通信、物联网和边缘计算等正在深度改变人类的生活方式。随着互联网+和工业 4.0 等战略的推动，信息技术的创新和应用将更加广泛地渗透到各个行业中。

5G 通信是下一代移动通信技术，它具有更高的数据传输速率、更低的延迟和更大的网络容量。5G 将支持大规模物联网的发展，实现高速、可靠的连接，为智能城市、智能交通、智能医疗等领域提供更多创新和发展机会。此外，5G 还将促进虚拟现实、增强现实和云游戏等技术的普及，提供更丰富的用户体验。

物联网的发展使得各种设备和系统能够实现智能化、自动化的交互和协同工作。它将带来智能家居、智能健康监测、智慧物流等应用，改善人们的生活质量，提高生产效率和资源利用效率。边缘计算可以减少数据传输的延迟和网络负载，提高响应速度和数据隐私性。它为物联网应用和大规模数据处理提供了支持，例如自动驾驶汽车、智能工厂和智能城市等领域。

除了上述技术，人工智能、大数据分析和区块链等也是信息技术领域的重要发展方向。人工智能技术的进步将推动自动化、智能化的发展，应用于语音识别、图像识别、自然语言处理等领域。大数据分析能够挖掘和分析海量数据，提供商业洞察和决策支持。区块链技术提供了安全、去中心化的数据存储和交易平台，具有潜力改变金融、物流、供应链等领域的商业模式和流程。

三、技术发展对科技创新与成果转化的影响

技术的进步与创新对科技成果的转化产生了直接的影响。新技术的出现，往往伴随着新的商业模式、新的产品设计、新的服务方式。进一步说，新技术的创新推动科技成果的转化，科技成果的成功转化又能反过来刺激新的技术创新。

将视角聚焦在人工智能，区块链，云计算，以及量子计算等主要的科技发展领域，它们的发展与科技创新和成果转化的相互关系可以进一步揭示。

人工智能通过深度学习等技术模拟和扩展人类的智能，这种创新性的技术驱动了大量科技成果的转化。人工智能应用在医疗、教育、商业等领域的成功案例，都是基于对人工智能技术创新的深入理解和应用。另一方面，这些应用也进一步推动了人工智能的发展，促使其在更多领域得以应用。

区块链技术的出现，打开了一个全新的交易和存储信息的方式，它将信任机制内建于系统之中，这种创新性的技术，推动了大量的科技创新和成果转化。同时，这种成果转化的实践也推动了区块链技术的进一步创新和发展。

云计算通过计算资源的虚拟化和网络化，提高了资源的使用效率，降低了成本。这种技术的创新，推动了大量科技成果的转化，如各种基于云计算的软件和服务。反过来，这些成果转化的实践，也进一步推动了云计算技术的创新和发展。

量子计算是一种全新的计算方式，它的出现为科技创新打开了新的领域。虽然量子计算现在还处在研发阶段，但可以预见，一旦量子计算技术成熟，它将推动大量科技成果的转化。

这些领域的新技术创新都为科技成果的转化提供了新的机会，而科技成果转化的成功实践，也将推动新技术的创新，形成了一个良性的互动循环。技术的发展对科技创新和成果转化的影响，是一个复杂的过程，涉及多个因素和环节。科研人员、企业家和政策制定者需要从全局的角度，深入理解这种影响，以便更好地把握科技创新和成果转化的机会。

第二节　市场需求的变化与影响

一、市场需求的变化趋势

市场需求的变化趋势，无疑是决定科技创新和成果转化方向的关键因素。近年来，绿色、可持续的产品需求趋势日益明显，这不仅体现在消费者对环保的关注上，也体现在政策的引导和企业的自我要求上。

在环保意识日益强烈的今天，人们对于绿色、可持续产品的需求显著增长。这其中既包括对资源高效、环境友好的消费品的需求，也包括对清洁能源、低碳技术等的需求。消费者对于产品的全生命周期环保性能的要求也越来越高,从生产、运输、使用到废弃,都必须考虑到环保因素。这种趋势为新的产品设计、新的生产方式、新的商业模式提供了广阔的市场空间。

随着环保意识的深入,可持续发展的理念也被越来越多的人所接受。可持续产品的设计和制造,必须考虑到资源的循环利用、能源的有效利用、废物的最小化等方面。这一需求引导企业进行产品和服务的创新,推动了新的科技成果的产生和转化。例如,针对能源效率的提高,有企业研发了新的节能技术和产品;针对资源循环利用,有企业研发了新的循环经济模式和技术。

此外,政策的引导也对市场需求产生了重要影响。许多国家和地区已经制定了相关的环保政策,对企业进行节能减排、绿色生产的要求,这无疑推动了绿色、可持续产品的需求。政策引导的另一方面体现在对新技术、新产品的扶持上,许多国家对新能源汽车、绿色建筑等领域的发展提供了政策支持。

绿色、可持续产品的市场需求正在形成一种新的趋势。这种趋势对科技创新和成果转化产生了重要影响,提供了新的市场机会。同时,这种趋势也对企业提出了新的挑战,那就是如何通过科技创新和成果转化,满足市场的新需求,实现自身的持续发展。

二、市场需求变化的影响因素

市场需求变化的影响因素多种多样,包括社会经济发展、消费者习惯改变、政策影响等,这些因素共同塑造市场需求的演变趋势,对科技创新和成果转化产生深远影响。其影响因素如图 8-2 所示。

图 8-2　市场需求变化的影响因素

（一）社会经济发展

社会经济发展是市场需求变化的主要驱动力之一。经济的增长和发展带来了人们生活质量的提高，对于产品和服务的需求也随之升级。随着社会经济的发展，人们更加重视健康、环保、个性化、便捷等因素，这无疑对企业的产品设计和服务模式提出了新的要求。例如，人们对于食品安全、绿色包装、个性化设计等的需求都在不断增强。这也推动企业进行更多的科技创新，以满足市场的新需求。

（二）消费者习惯改变

消费者习惯的形成和改变，受到社会环境、文化背景、信息获取等多方面的影响。例如，随着互联网的普及，人们获取信息的方式发生了根本性的变化，这影响到了人们的购物习惯，也影响到了市场需求。此外，健康、环保的生活理念对消费者习惯的影响也越来越大，这体现在人们对有机食品、绿色产品等的需求增长。

（三）政策影响

政策对市场需求的影响，既表现在宏观经济政策方面，也表现在行业政策方面。例如，政府对绿色、环保产业的扶持政策，无疑增加了这些领域的市场需求。政策对新兴技术的扶持，也能够引导市场需求向新的方向发展。同时，政策也能影响到消费者的消费习惯和消费选择，例如绿色消费政策，能够推动消费者选择环保产品。

面对这些影响因素，企业需要具备敏锐的市场洞察力，把握市场需求的变化，驾驭科技创新和成果转化的机会。同时，政策制定者也需要关注市场需求的变化，制定有利于科技创新和成果转化的政策。

三、市场需求变化对科技创新与成果转化的影响

市场需求的变化对科技创新和成果转化产生着重要的影响，因为市场需求是推动创新的驱动力之一。了解市场需求的变化，可以帮助企业更好地把握创新方向，加快科技成果的转化。

市场需求的变化可以引导科技创新的方向。当市场需求发生变化时，企业需要寻找新的解决方案来满足消费者的需求。这就促使企业进行科技创新，开发新产品、新服务或改进现有产品。例如，随着人们对环保的关注增加，市场对绿色、可持续产品的需求不断增长。企业为了满足这一需求，就需要进行相关技术的创新，开发出符合环保标准的产品。市场需求的变化可以激发企业进行更加有针对性的科技创新，提高成果转化的成功率。

通过理解市场需求的变化，可以推动创新的实施和成果的转化。科技创新和成果转化需要与市场需求相结合，否则创新的成果很难得到市场的认可和接受。因此，了解市场需求的变化可以帮助企业更好地定位和调整创新成果，使其符合市场需求。这可能涉及产品功能的改进、设计的优化、成本的控制等方面的调整。通过与市场需求相匹配，企业能够更有效地将科技创新转化为实际的产品和服务，实现商业化。

市场需求的变化还可以激发创新的思维和方法。当市场需求发生变化时，企业需要更具创新性的思维来应对挑战。他们需要寻找新的解决方案，采用新的技术和方法来满足市场需求。这就推动了科技创新的发展，促使企业采取更加创新的方式来开发和推广新产品。市场需求的变化可以激发企业的创新潜力，帮助他们更好地应对市场变化，保持竞争优势。

了解市场需求的变化趋势可以帮助企业确定创新方向，推动创新的实施和成果的转化。通过与市场需求相匹配，企业能够更好地满足消费者的需求，提高科技创新的成功率。同时，市场需求的变化还能够激发企业的创新思维和方法，推动科技创新的发展。因此，企业应该密切关注市场需求的变化，并将其纳入到科技创新和成果转化的策略中。

第三节　全球竞争态势与国际合作

一、全球科技竞争的现状与趋势

（一）全球科技竞争的现状分析

全球科技竞争的现状是一个日益激烈的局面。各国都意识到科技创新的重要性，并积极投入资源进行科技研发和创新。这种全球科技竞争的现状将对各国产生深远影响，并在未来呈现出几个重要的趋势。

第一，全球科技竞争的现状表明创新驱动的经济发展已成为各国的共识。许多国家将科技创新作为经济增长和竞争力的关键驱动因素，不断加大对科技研发的投入。例如，中国的"创新驱动发展战略"和欧盟的"欧洲研发计划"等，都是为了推动科技创新，提高国家的竞争力。全球科技竞争正日益成为国家间的核心竞争力之一。

第二，全球科技竞争将继续围绕核心技术展开。例如，人工智能、生物技术、量子计算等被认为是当今科技领域的核心技术，各国都在这些领域进行积极的研发和竞争。同时，新兴领域如可再生能源、智能交通、数字经济等也成为各国争夺的焦点。这些核心技术的突破将直接影响到国家的科技实力和经济竞争力。

第三，全球科技竞争将更加注重跨界合作和创新生态系统的建立。没有任何一个国家能够独自掌握所有的科技资源和人才，因此，国际合作和跨界创新生态系统的建立将成为推动科技创新和成果转化的关键。各国将寻求与其他国家、企业、学术机构等合作，共享知识、资源和创新成果，从而提高自身的创新能力。例如，国际科研团队的合作、跨国企业的合作、跨国创新网络的建立等都是促进全球科技竞争的重要方式。

全球科技竞争的现状正在发生深刻的变化。各国纷纷加大科技创新的力度，竞争核心技术和新兴领域的地位。同时，国际合作和跨界创新生态系统的建立也成为推动科技创新和成果转化的重要手段。在这样的背景下，各国应密切关注全球科技竞争的趋势，并制定相应的科技政策和战略，以提高自身的创新能力和竞争力。只有通过合作与竞争的平衡，共享科技成果，才能共同推动全球科技创新的进步。

（二）全球科技竞争的趋势

1. 技术集聚与创新生态系统的形成

全球科技竞争的趋势之一是技术集聚和创新生态系统的形成。各国纷纷致力于打造具有全球竞争力的科技创新中心和园区，以吸引高层次人才、各类创新资源和投资。例如，硅谷、中国的深圳和北京中关村等地成为全球科技创新的热点区域。这种技术集聚和创新生态系统的形成，将进一步加强国际的科技竞争，各国将通过集聚创新要素和资源来提升自身的科技实力。

2. 技术应用的广泛渗透

全球科技竞争的另一个趋势是技术应用的广泛渗透。新兴技术如人工智能、物联网、区块链等正迅速渗透到各个行业和领域，从医疗健康、交通运输到金融服务等。这种广泛渗透促使各国加快科技创新步伐，以应对日益激烈的竞争。各国在技术应用方面的领先地位将直接影响到经济增长和产业升级的竞争力。

3. 创新能力的全球化竞争

全球科技竞争的趋势还体现在创新能力的全球化竞争上。创新不再是某个国家或地区的垄断，而是全球各国共同争夺的目标。新兴经济体和发展中国家通过加大科技投入和创新引领战略，逐渐在全球创新舞台上崭露头角。这种全球化竞争意味着各国需要在科技研发、人才培养、科技政策等方面加强合作，以提高自身的创新能力和国际竞争力。

4. 科技创新的社会责任

随着全球科技竞争的加剧，科技创新的社会责任也备受关注。各国对科技创新的伦理、安全、可持续发展等方面提出了更高的要求。例如，人工智能的隐私保护、生物技术的伦理规范等问题引发了广泛的讨论和监管。在全球科技竞争中，各国需要积极应对这些社会责任问题，以确保科技创新与社会的和谐发展。

全球科技竞争正呈现出技术集聚、技术应用广泛渗透、创新能力全球化竞争以及科技创新的社会责任等趋势。这些趋势对各国产生深远影响，要求各国加强科技创新、合作与竞争的平衡，以提高自身的创新能力和国际竞争力，实现科技创新与经济发展的双赢。

二、国际合作的重要性

国际合作的重要性如图 8-3 所示。

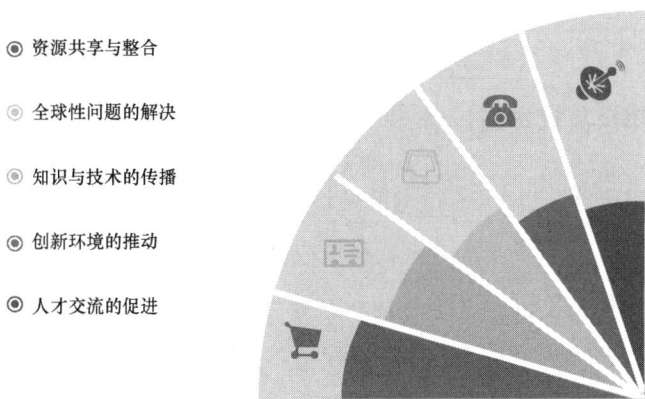

图 8-3　国际合作的重要性

（一）资源共享与整合

科技创新需要大量的人力、财力以及物力投入，而这些资源在各国间是不均等的。有些国家在某一科技领域有着显著的优势和丰富的资源，而在其他领域则相对落后。通过国际合作，各国可以共享和整合各自的科技资源，实现优势互补，促进科技创新的效率和质量。这种合作模式不仅可以提高科技创新的速度，也有助于降低研究风险和成本，从而推动更多的创新成果得以产生和转化。

（二）全球性问题的解决

国际合作在应对全球性科技问题方面具有重要的意义。面对诸如气候变化、疾病控制、环境保护等全球性挑战，单一国家往往难以独立解决，因此国际合作变得尤为关键。通过国际合作，各国可以共享科研成果、资源和经验，加强合作研究与技术交流，共同开展跨国合作项目，推动科技问题的解决。这种合作可以促进创新能力的提升，加速科技成果的转化与应用，以及推动全球科技发展的进步。此外，国际合作还能够共同制定标准和规范，加强科技领域的法律法规和知识产权保护，形成有效的全球科技治理体系。通过共同努力，各国可以携手应对全球性科技问题，实现共同发展、繁荣和可持续发展的目标。

（三）知识与技术的传播

国际合作为科技知识和技术的全球传播提供了有力的支持。通过学术交流、技术转移、合作研发等方式，科技成果可以快速在全球范围内传播和应用。这种全球传播不仅有助于加速科技成果的实际应用和落地，还能够促进全球科技的共同进步。国际合作可以促进不同国家和地区之间的知识交流和经验分享，加快科技成果在全球范围内的普及和推广。可以实现知识与技术的跨国传播，促进全球科技创新和发展的融合与合作。

（四）创新环境的推动

国际合作对于建设良好的全球科技创新环境具有推动作用。通过科研项目的合作，各国可以分享科研经验、技术知识和资源，相互学习和借鉴，共同提高科技创新能力。这种合作不仅有助于解决单一国家面临的科技难题，也能够推动全球科技的创新和发展。国际合作还能促进全球科研评估体系的建设，通过制定共同的评估标准和方法，更准确地评估科技成果的价值和影响力。这有助于提高科研质量和水平，推动科技成果的有效转化和应用。可以打造一个开放、包容、合作的创新环境，促进全球科技创新的繁荣和可持续发展。

（五）人才交流的促进

人才是推动科技创新的最重要的资源。国际合作有利于全球科技人才的交流和培养。通过跨国交流和合作，可以提升科技人才的能力和素质，推动全球科技创新的发展，实现科技成果的共享和共赢。

三、全球竞争与国际合作的平衡

全球竞争与国际合作在科技创新和科技成果转化中的关系是复杂而微妙的。在科技领域，各国都在争夺全球领导地位，争取在科技创新和成果转化中取得优势。与此同时，各国也意识到，面对全球性的科技挑战，需要通过国际合作，共同推动科技创新和成果转化。

（一）全球竞争的驱动力

全球竞争可以推动科技创新和成果转化。竞争可以激励各国提高自身的科技创新能力，优化科技环境，吸引和培养科技人才。竞争也可以促进科技成果的商业化和产业化，推动科技成果更快、更好地转化为实际应用。

（二）国际合作的必要性

虽然全球竞争在一定程度上可以推动科技创新和成果转化，但是单靠竞争是无法解决全球性的科技问题的。例如，应对气候变化、疾病控制、环境保护等全球性问题，需要全球的科研力量共同合作，共同寻求解决方案。而在全球范围内共享科研成果，集中力量解决共同的问题，需要建立在互信和合作的基础之上。

（三）平衡全球竞争与国际合作

在全球竞争与国际合作之间找到平衡，是每一个参与全球科技创新和成果转化的国家和组织面临的挑战。这需要明确自身的科技战略目标，理解全球科技发展的大趋势，把握全球科技合作的机遇，同时也要认清全球竞争的现实，充分利用竞争的动力，提升自身的科技创新能力和成果转化效率。

（四）数据共享与竞争

数据共享是一个重要的问题。数据共享有助于提高科技创新的效率，但也可能引发竞争问题。如何在数据共享和保护知识产权之间找到平衡，是全球竞争与国际合作中的一大挑战。

第九章　科技创新与成果转化的对策

第一节　构建创新生态系统

一、创新生态系统的概念与组成

（一）创新生态系统的概念

创新生态系统的核心构成理念是其独特的互动性网络结构，其运行基础深植于全过程的创新活动与创新过程。这一过程从基础研究和应用研究，拓展至产品开发，最终延伸到市场落地。成熟的创新生态系统在其中扮演一个至关重要的角色，激励并协调参与者进行知识的共享、资源的交换，以及形式各异的合作。

创新生态系统的独特性体现在其社会性和系统性。一方面，社会性指的是，创新活动并不仅仅依赖于单一的组织或个人，而是需要多种组织和个人的共同参与。另一方面，系统性意味着创新是在一个多元素构成的系统中发生的，这个系统包括多种组织、个人以及环境因素。在这个创新生态系统中，各种参与者和元素通过互动和影响，共同推动创新的产生和传播。

网络结构在创新生态系统中扮演着核心角色。其独特性在于连接了不同的参与者，包括研究人员、企业、政策制定者、投资者等。这些参与者在网络中分享知识，交换资源，进行各类合作，这不仅加强了他们之间的关系，也加速了创新的发展。

全过程的创新活动和创新过程构成了创新生态系统的主线。从基础研究到市场落地，每一环节都是系统中的一部分。基础研究为新的技术提供理论支持；应用研究将理论转化为实用的技术；产品开发进一步将技术转化为可实施的产品；最后，市场落地则是这个过程的终点，也是新技术产生实际效益的地方。

社会性和系统性是创新生态系统的基本特征。创新不是孤立发生的，而是在社会互动和系统运作的环境中进行。多种组织、个人和环境因素共同构成了创新的土壤，为创新提供了丰富的养分。这些因素的相互作用和影响，推动了创新的产生和传播。

（二）创新生态系统的组成

构筑创新生态系统的核心部分包括创新主体、创新环境以及创新网络，三者在系统中各司其职，共同构建和维持着创新生态系统的运行。如图9-1所示。

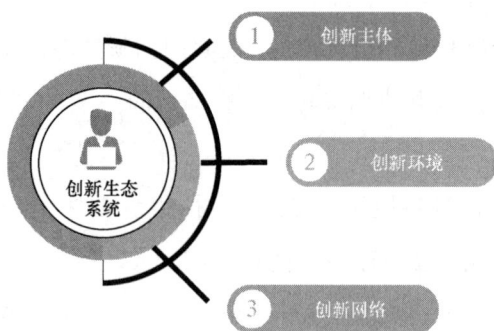

图 9-1　创新生态系统的组成

1. 创新主体

即核心部分，涵盖了企业、科研机构、大学、政府等多种角色。在这些主体中，企业被视为创新的主要执行者和推动者，它们对新产品和服务的需求，以及对市场竞争的响应，是创新活动的主要动力源。同时，科研机构和大学则扮演着知识和技术的源泉，它们的研究成果经常是新产品和服务的启示。此外，政府通过政策引导和支持，如资金扶持、税收优惠、人才政策等手段，影响和塑造创新活动，以达到促进经济社会发展的目标。

2. 创新环境

涉及各种影响创新生态系统运行的外部条件。其中，市场环境是关键因素，市场需求和竞争常常是创新的重要驱动力。对新技术和新产品的接受程度，以及对新创企业的支持程度，能够极大地影响创新活动的发展。另外，政策环境，如政府的创新政策，也会对创新主体的行为产生影响。例如，政府可以通过资金支持、税收优惠等政策手段，来激励企业和科研机构进行更多的创新活动。同时，法治环境，特别是知识产权保护制度，也是保障创新活动的重要基础。最后，社会环境，包括社会文化、教育制度、公众对创新的态度等因素，也会影响人们参与创新的意愿和能力。

3. 创新网络

作为创新主体与环境之间的纽带，包括技术转移网络、人才流动网络、资金流动网络等。在这些网络中，信息和资源的交换和流动对创新过程有着至关重要的影响。例如，技术转移网络可以帮助将科研机构和大学的研究成果转化为企业的新产品和服务；人才流动网络可以帮助企业吸引和留住创新人才；而资金流动网络则可以为创新活动提供必要的资金支持。

在创新生态系统中，创新主体、创新环境和创新网络不仅各自起着重要的作用，而且它们之间还存在着复杂的互动关系。这种关系使得创新生态系统具有了高度的复杂性和动态性，也使得其对外部环境的适应性得以提高。只有理解和把握这种复杂性和动态性，才能有效地管理和优化创新生态系统，从而更好地推动创新活动的发展。

二、构建创新生态系统的策略和方法

构建一个健康和有活力的创新生态系统，需要充分考虑其各个组成部分，并采取有效的策略和方法来推动它们的发展和协同。

（一）营造有利于创新的市场环境

市场需求是创新的重要驱动力。通过市场研究和调查，收集消费者需求和行业趋势的数据。这可以包括定性和定量研究方法，如焦点小组讨论、问卷调查和市场观察等。这些数据可以帮助企业和创新者更好地了解市场需求，指导其创新活动。通过分析行业发展、技术创新和社会变化等因素，预测未来市场的趋势。政府可以通过政策引导和资金支持来鼓励企业和科研机构开发新的技术和产品，满足市场需求。这可以包括提供科技研发资金、创新券、税收减免和补贴等方式，以降低创新成本和风险。

（二）制定和实施创新友好的政策

政府在创新生态系统中扮演着重要角色。政府供科技研发资金支持，为企业和科研机构提供资金以支持创新研究和开发工作。这包括拨款项目、设立创新基金和风险投资等方式，为创新者提供长期支持和稳定资金来源。给予创新型企业税收优惠和减免，能够降低创新者的负担，鼓励增加创新投入。这可以包括减免企业所得税、研发费用税收抵扣和创业投资税收减免等措施，以提供经济上的激励。

另外，采取措施来吸引和培养高素质的创新人才。通过设立人才引进计划、提供奖学金和补贴、建立创新人才培训项目等方式，吸引国内外优秀人才参与创新活动。同时，政府还可以支持高校和科研机构培养创新人才，提供相关的教育和培训资源，以满足创新生态系统中的人才需求。

（三）建立完善的法律制度

法律制度是保护创新活动，保障知识产权，维护公平竞争的重要基础。建立和执行知识产权法律制度，包括专利法、商标法和版权法等。这可以保护创新者的知识产权，激励他们进行创新，并确保其在市场竞争中获得公平的回报。制定和执行竞争法和反垄断法，以维护市场的公平竞争和防止垄断行为的发生。这可以促进创新活动的多样性，并避免市场被少数巨头主导。最后保证法律制度实施的透明度和可预见性，使创新者能够清楚了解法律规定和程序，降低法律风险。

（四）培育和引导创新文化

通过教育系统和培训机构，将创新意识和创新能力融入教育和培训内容。开设创新课程、组织创新竞赛和创业活动等，可以激发学生的创新潜力。培养学生的创新思维和解决问题的能力。通过媒体渠道和宣传活动，宣传创新成功故事和创新者的经验。这可以塑造积极的创新形象，激励更多人参与创新活动。媒体报道和推广创新成果，增加创新者的曝光度，鼓励其他人效仿并产生创新的动力。设立创新奖励和荣誉机制，表彰和奖励在创新领域做出杰出贡献的个人和组织。这可以树立榜样，激发更多人的创新热情。创新奖项的设立可以鼓励创新者继续努力，并提供一定的资源支持，以推动创新活动的发展。

（五）建设高效的创新网络

创新网络是连接创新主体和环境的纽带，是信息和资源交换和流动的重要渠道。建立技术转移机构和平台，促进科研成果的转化和应用。同时，鼓励企业之间、企业与科研机构之间的合作，促进技术和知识的共享。鼓励人才在不同的创新主体之间流动和交流，包括企业、科研机构和创业公司等。这可以促进创新思想的碰撞和跨领域合作。

建立创新投资基金和天使投资网络，为创新项目提供资金支持。这可以帮助初创企业和创新者获得必要的资金，并推动创新成果的商业化。

在构建创新生态系统的过程中，重要的是要找到各个组成部分之间的平衡。例如，政府的过度干预可能会扼杀市场的活力，而市场的过度竞争又可能会导致"赢者通吃"的局面，从而影响创新的多样性。因此，如何在保障公平竞争、激发市场活力、提供充足的创新资源之间找到一个合适的平衡，是构建创新生态系统的关键。

三、创新生态系统的效果评估

评估一个创新生态系统的效果，无疑是复杂的，因为创新生态系统涉及许多因素，包括经济、社会、文化和法律等多个层面，同时还需要考虑到各种内部和外部的因素和影响。

从全面和动态的角度，创新生态系统的效果评估可以从以下四个关键领域进行，如图 9-2 所示。

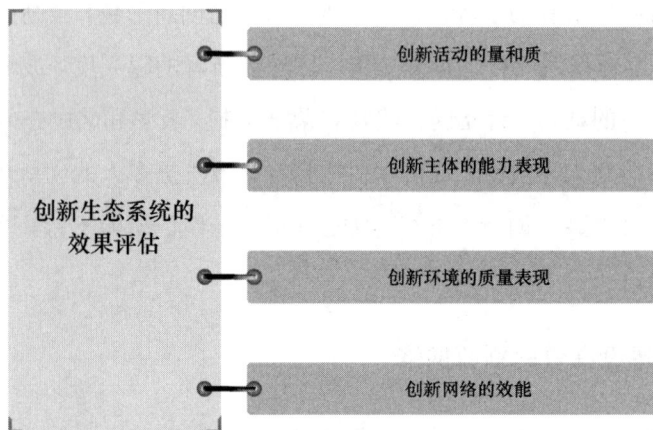

图 9-2 创新生态系统的效果评估

（一）创新活动的量和质

创新活动的量和质是衡量创新生态系统效果的直接指标。评估创新生态系统效果时，应综合考虑创新活动的量和质。创新投入的规模和结构、创新过程的效率和效果，以及创新产出的数量和影响力等方面的评估，能够全面反映创新生态系统的发展水平和创新成果的质量。

1. 创新投入的规模和结构

评估创新生态系统中的研发投入、人力资源投入等创新投入的规模和结构。这可以包括政府和企业对创新的资金支持情况、科研机构和企业的研发投入比例等。较高的创新投入通常意味着更多的资源用于创新活动，有利于推动创新生态系统的发展。

2. 创新过程的效率和效果

评估创新活动的过程效率和效果，包括创新的周期时间、创新流程的顺畅程度、创新管理的灵活性等。这可以通过衡量创新项目的开发时间、创新成果的转化速度、市场反馈和用户满意度等指标来评估。高效和高效果的创新过程能够提高创新的产出和市场竞争力。

3. 创新产出的数量和影响力

评估创新生态系统中的创新产出，包括新技术、新产品、新服务和新模式等。可以通过衡量创新产出的数量、质量、市场占有率、知名度和对经济社会发展的影响等指标来评估。创新产出的数量和影响力的增加反映了创新生态系统的创新能力和创新成果的质量。

（二）创新主体的能力表现

创新主体是创新活动的主体，其能力表现直接影响到创新生态系统的效果。

1. 创新主体的数量和类型

评估创新生态系统中创新主体的数量和多样性，包括企业、科研机构、创业者等不同类型的创新主体。数量和多样性的增加意味着创新生态系统的包容性和动态性更强，有助于激发创新活动。

2. 创新主体的能力和实力

评估创新主体的创新能力和实力，包括技术开发能力、市场开发能力、组织管理能力等。创新主体的高能力意味着他们能够快速响应市场需求、持续推出有竞争力的创新成果。

3. 创新主体的合作意愿和行为

评估创新主体之间的合作意愿和合作行为，包括合作伙伴关系的建立和维护、创新联盟的形成等。合作意愿和行为的增加有助于促进资源共享、知识交流和技术跨界融合，推动创新活动的跨领域合作和创新能力的提升。

评估创新主体的能力表现可以通过多种途径实施，如企业创新绩效评估、科研机构科研成果评价、创业者创新项目的评估等。定量指标和定性评价相结合，可以更全面地了解创新主体的能力和表现，从而评估创新生态系统的效果。

创新主体的能力表现对创新生态系统的效果有重要影响。具备较高能力的创新主体能够推动更多的创新活动，并产生具有市场竞争力和社会影响力的创新成果。合作意愿和行为的增加可以促进创新主体之间的互补与协同，提高创新系统的效率和效果。

（三）创新环境的质量表现

创新环境对创新活动提供了必要的条件和支持，其质量对创新生态系统的效果有重要影响。

1. 市场环境

评估市场环境对创新活动的支持程度和适应性。市场的竞争程度、市场需求的多样性以及市场准入和退出的灵活性等因素，都会影响创新者的动力和市场机会的开拓。创新生态系统中一个健康的市场环境应当具备良好的市场竞争机制和广阔的市场潜力，为创新者提供充足的市场空间和机会。

2. 政策环境

评估政策环境对创新活动的支持和引导作用。政府的创新政策、科技研发资金支持、知识产权保护等政策措施，以及政府与企业、科研机构之间的合作机制，都对创新环境的质量和适宜性产生重要影响。创新生态系统中的政策环境应当为创新者提供稳定的政策支持和激励机制，为创新活动的开展提供良好的制度保障。

3. 法治环境

评估法治环境对创新活动的保护和规范作用。建立健全的知识产权保护制度、竞争法和反垄断法等法律法规，为创新者提供合法、公平、公正的创新环境。法治环境的质量和适宜性直接关系到创新者的创新积极性和知识产权的保护，进而影响到创新活动的稳定和持续发展。

4. 社会环境

评估社会环境对创新活动的认可和支持程度。社会文化氛围、创新文化的培育和传承，以及公众对创新的认知和态度，都会影响创新者的动力和社会支持。创新生态系统中的社会环境应当营造积极的创新氛围，尊重知识、鼓励创新，为创新者提供广泛的社会认可和支持。

（四）创新网络的效能

1. 信息传递的速度和准确性

评估创新网络中信息传递的速度和准确性，包括创新主体之间的沟通、技术转移和知识共享等方面。一个高效的创新网络应当能够及时传递准确的信息，以便创新主体能够快速获取所需的信息并做出相应的创新决策。

2. 资源交换的效率和公平性

评估创新网络中资源交换的效率和公平性，包括技术、资金、人才等资源的流动和共享。一个高效的创新网络应当能够促进资源的有效配置和合理利用，提高创新活动的效率。同时，资源交换应当公平和公正，确保不同创新主体在创新网络中享有平等的机会和权益。

3. 合作关系的稳定性和互惠性

评估创新网络中合作关系的稳定性和互惠性，包括创新主体之间的合作伙伴关系、创新联盟和创新生态系统的协同合作等。一个健康的创新网络应当能够建立稳定的合作关系，促进创新主体之间的互相支持和互利共赢，共同推动创新活动的发展。

评估创新网络的效能可以采用多种方法，如网络分析、调查和研究等。通过对创新网络中节点、连接和信息流动等因素的分析，可以揭示创新网络的结构特征和效能状况，进而评估其对创新生态系统的影响。

一个良好的创新网络应当具备高效的信息传递、资源交换的效率和公平性，以及稳定的合作关系和互惠性。这样的创新网络能够提供创新者所需的信息和资源支持，促进跨界合作和知识流动，增强创新活动的合作创新能力和创新成果的转化效果。

创新生态系统的效果评估不仅能提供对其状况的反馈，从而对其进行优化和管理，而且还能为政策制定者、企业和科研机构提供决策参考，从而更好地参与和利用创新生态系统，推动科技创新和成果转化。

第二节　促进创新链与产业链融合

一、构建创新链与产业链的双链融合机制

构建创新链与产业链融合机制即构建有效的协同机制，是实现双链融合，相互推动发展的关键。

政策层面的配合在构建协同机制中起到重要作用。政府在此过程中需发挥服务者和推动者的角色，为创新链与产业链的融合提供有力的政策支持和服务保障。例如，设立创新引导基金、优化税收政策等都有助于推动创新链与产业链的对接。

企业间的合作关系也是构建协同机制的关键部分。企业是创新链与产业链的主体，企业之间的合作才能实现两个链条的深度融合。共享研发资源，共同开发市场等方式，都有助于形成协同效应。

科研机构与企业的紧密结合在推动创新链与产业链融合中具有决定性影响。科研机构是技术和人才资源的汇聚地，而企业则具有市场敏感性和快速反应能力。两者紧密结合，能有效推动创新链与产业链的融合发展。

信息交流平台的建立也有助于创新链与产业链的对接。一个透明、公开、高效的信息交流平台能让各方及时了解市场需求和技术进展，从而调整创新策略和产业布局。

通过政策支持、企业合作、科研机构与企业的紧密结合以及信息交流平台的建立，可以有效地构建创新链与产业链的协同机制，推动科技创新与产业发展的融合与共进。

二、双链融合的路径分析

当前世界产业链和创新链的格局是国际贸易和国际分工发展的结果。从农业国与工业国的分工，到劳动密集型产业与资金、技术、知识密集型产业的分工，再到产业内部不同环节和产品零部件的分工，创新能力和资源整合能力是分工的基础。当前国际分工呈现金字塔结构，科技与金融处于顶端，主要由创新驱动型的发达国家主导；制造与服务处于中间，主要由效率驱动型的新兴国家主导；而资源与劳动力则处于底部，主要由要素驱动型的发展中国家承担。

历史进程表明，只有少数发展中国家和地区在全球分工中实现了价值链的升级。然而，中国具备实现产业链和创新链协同发展的条件。中国拥有齐全的产业门类、完善的基础设施和物流体系，以及超大规模的市场。中国还拥有众多的产学研主体、庞大的研发投入和创新人才。在一些领域，中国具备与国际先进水平竞争的实力。关键在于促进创新链和产业链的融合，改善产业链和创新链的融合发展生态系统，激发创新、创业和创造的活力。

因此，中国应该致力于优化产业链和创新链的融合，提升创新生态系统的效能，以实现产业链的升级和创新链的提升。这可以通过政府引导、政策支持、资源配置等手段来实现，同时鼓励企业加大创新投入、提高科技水平，促进产业链的升级和创新链的发展。只有实现双链融合，中国才能在全球价值链中发挥更重要的作用，提升国家的创新能力和竞争力。其具体路径如图9-3所示。

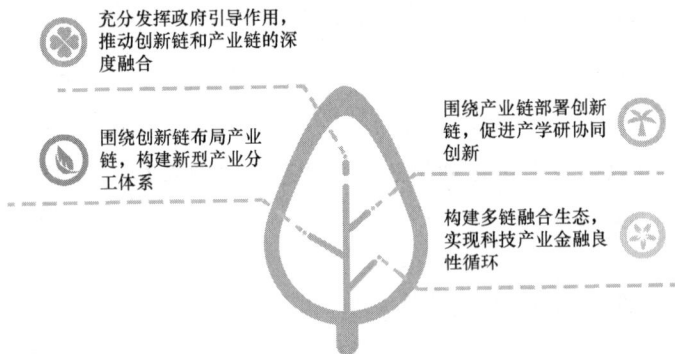

图 9-3　创新链产业链的双向融合路径

（一）充分发挥政府引导作用，推动创新链和产业链的深度融合

政府在推动创新链和产业链深度融合中，应充分发挥引导作用。政府可以通过制定各种产业政策、科技政策、人才政策以及相关财政金融等方面的政策，引导创新链和产业链的双向延伸和融合，从而进一步强化科技创新对经济社会发展的引领和推动作用。

政府可以利用各类政策工具的优势，及时调整疏通双链双向融合过程中出现的各种堵点和瓶颈。例如，政府可以通过加大科研投入补贴、推行研发合同制等激励创新的措施，对创新链的前两个环节施加影响，引导并鼓励大学和科研院所等创新机构，按照政府前瞻性产业发展布局的需要开展科技创新活动，促进创新链向产业链延伸。此外，政府还可以通过适当增加对企业采用新技术、实现转型升级提供的创新补助，针对创新链的后两个环节发力，降低企业以新方法、新技术取代旧方法、旧技术所产生的高额成本，促进企业改变行为方式，鼓励并促进高科技成果的产业化和经济化，使产业链向创新链逐步靠拢。

主持搭建产学研用新型合作平台，充分发挥科技、金融等中介机构对创新链和产业链双向融合的联系纽带作用，加强信息链和资金链等要素对创新链和产业链顺畅运转并实现双向融合的支撑作用。政府可以设立技术交易所等平台，汇聚各类技术信息资源，匹配产业技术市场供需双方的要求，为创新成果的转化与产业升级发展提供精准服务。

政府应进一步完善创新体系的体制建设，包括充分调动各方积极性和加强监督管理。一方面，政府要充分调动各级各类创新主体的积极性和主动性，系统整合各类科创要素和产业要素，形成资源共享、技术共进、利益共赢、风险共担的科技创新与产业应用一体化的新机制，或者创建集研究、开发、生产于一体的先进科创系统，助力创新成果的产业应用与价值实现。另一方面，政府需要探索完善科技创新的监督管理机制，并制定和完善相应的法律法规，加强对科技创新项目管理责任主体和程序的监督，以避免创新领域出现腐败行为或者骗取国家奖励资金及套取政府补贴等现象。

（二）围绕创新链布局产业链，构建新型产业分工体系

为推动我国产业转型升级和实现新旧动能转换，构建新型产业分工体系，关键在于加快形成高科技产业链，并将关键核心技术掌握在自己手中，扩大关键环节产能保质保量供应，不断提高产业链和创新链的价值能级。

在产业链方面，需要注重提升产业尤其是重要产业的技术创新能力和核心竞争力。这包括调整梳理产业链结构，不断健全完善产业链，补足产业链缺失环节，强化产业链关键环节，延伸产业链使之逐渐向创新链靠拢。同时，还要引导创新资源向产业链各环节集聚，促进各产业链共进互推，共同构建新型产业分工体系。

具体措施可以从产业创新涉及的各要素方面入手。首先是强化产业所需的各种专业人才链。通过精准引才，围绕各地区产业发展布局和方向，搭建各类平台，营造公平公正的良好营商环境，提供相应政策保障，引进国内外各类人才。同时，需要加强人才梯队的建设，及时调整教育结构，使专业学科教育与产业需求相匹配，为产业发展提供符合需求的高水平技术人才支撑。

健全完善产业链顺畅运转所需的资金链。围绕产业链和创新链的各环节合理布局资金链，加大对科技创新的投入。这包括增加政府财政对产业基础研究的资金投入，搭建能覆盖双链各环节的多元投融资体系平台，动员各种社会力量参与到双链双向融合中，如天使投资、风险投资、银行信贷、资本市场等各界资金。历史经验表明，基础研究阶段通常以政府财政支持为主，中试阶段以企业自筹研发资金及风险投资为主，而到下游批量生产阶段则大多以银行信贷或资本市场融资为主。

（三）围绕产业链部署创新链，促进产学研协同创新

双链相融还需要区分不同层次和内容创新的不同作用，以进一步强化国家战略科技力量体系。这包括培育和强化从基础科学研究到应用科学研究再到工程技术开发，最终到实现产业技术研发推广的完整科技创新体系。同时，促进整体创新系统的目标优化和协同发展，以实现各创新主体的互利共赢。不同环节和层次的科研创新在科技引领产业发展、创新链和产业链双向融合中发挥不同的作用，但都是不可或缺的。基础研究是创新的根基和源头，应用研究是创新的枢纽和关键，工程技术是实现创新链向产业链融合的关键要

素，而产业技术开发涉及创新成果能否真正规模化生产并实现其经济社会价值的最后一环。

从创新链和产业链的链条结构入手，强化创新链向产业链方向的延伸与融合。应根据产业链发展需求或选择产业价值链中技术支撑的短板或弱项环节，设置科技创新项目并部署创新链。例如，针对制约产业链畅通与发展的关键核心技术，可以开展联合多方创新主体、汇聚多种创新要素的集中联合攻关，通过科技创新推动构建产业技术联合创新链。同时，可以建立企业和创新载体之间的对接平台，如专门致力于某项产业技术的研究院或创新联盟，集中攻克相关产业技术难题，推动创新链条向前端和后端延伸。通过创新优势引导产业资源集聚，提高科研成果产业化、经济化的效率。

（四）构建多链融合生态，实现科技产业金融良性循环

创新链和产业链的双向融合机制不仅受到科研创新和产业发展内在因素的影响，还受到社会创新生态环境和创新条件的影响。因此，为了促进双链融合，需要积极健全有利于创新的体制机制，完善各种创新条件，汇聚和优化各类创新要素，有效弥补双链对接过程中的缺失环节和弱项，形成浓厚的创新氛围和良好的创新环境。

突出市场导向是关键。市场作为创新需求的引导者发挥着重要作用。通过激励企业加大对新技术和新产品的投入，市场需求可以激发企业竞相创新的动力。需要健全和完善创新利益分配机制。创新成果的经济化利益如何合理分配，将影响产学研合作的效果以及创新链和产业链的进一步融合。由于科研机构和企业在创新链和产业链的不同环节和阶段发挥不同的作用，因此在创新成果转化方面，利益分配容易引发分歧。因此，推动产业链和创新链的双向融合，必须充分协调各创新主体之间的利益关系，减少利益纠纷和冲突，并完善创新分配机制。

无论是在创新链还是产业链的各个环节，人才都是最重要的要素之一。

人类劳动的创造力是科学技术和社会经济发展的根本动力和源泉。因此，为了真正形成尊重知识、重视人才的良好科创氛围，需要实际支持各类创新主体积极参与科研和技术开发活动。优化投融资环境，拓展多元化的投融资渠道，建立并逐步完善多元投融资体制，发挥市场的作用，为创新链和产业链提供充足且多元化的资金支持。

三、双链融合视角下促进科技成果转化的对策

（一）鼓励创新链和产业链多元主体合作

鼓励企业、高等院校、科研机构、孵化器、投资机构等多元主体之间的合作与协同创新。搭建多种形式的合作平台，让不同主体能够方便地进行信息共享、资源共享和成果共享。这个平台可以包括线上和线下形式，如网络平台、会议、研讨会等，以促进各主体之间的交流和合作。加强日常产学研合作，鼓励企业与高等院校、科研机构建立紧密的合作关系，通过联合开展研究、共享资源等方式，提高科技成果转化的效率和质量。可以建立产学研合作基地、共同开展科研项目、共享实验室资源等。建立科技孵化器、创业孵化器等，吸引优秀的初创企业入驻，为初创企业提供办公场所、资金支持、法律咨询、人才引进等服务，为其提供全方位的支持和服务，帮助初创企业快速成长。投资机构可为科技成果转化提供资金支持和管理经验，帮助企业加速科技成果的转化和产业化。企业、高等院校、科研机构、孵化器和投资机构等多元主体之间的合作与协同创新可以有效地推动科技成果的转化和产业化。通过加强合作、共享资源、优势互补等方式，降低科技成果转化的成本和风险，提高科技成果转化的效率和质量。

建立跨学科、跨领域的合作机制，促进科技成果的共享和交流，形成创新链和产业链的紧密衔接。开展跨学科的合作需要不同学科领域的专家和学者共同参与，通过共享资源、优势互补、协同创新等方式，实现科技成果的转移转化。例如环保领域的科技创新需要环境科学、工程学、经济学等多学

科的专家合作。环境科学家可以与工程师合作，开发高效、可持续的环保技术；与经济学家合作，评估环保政策的可行性和效果。通过跨学科合作，可以提出更加科学、有效的环保方案，促进可持续发展。跨学科合作需要建立有效的沟通机制和协作流程，明确各方的职责和期望，同时需要提供必要的资金和资源支持。创新链和产业链的紧密衔接是科技成果转化的重要保障。通过建立跨学科、跨领域的合作机制，可以促进科技成果的共享和交流，形成创新链和产业链的紧密衔接。通过加强合作、共享资源、优势互补等方式，可以降低科技成果转化的成本和风险，提高科技成果转化的效率和质量。同时，也可以促进不同产业之间的融合和发展，推动经济发展和社会进步。因此，政府、企业、高校和科研机构等多方应积极搭建平台，创造条件鼓励和支持跨学科、跨领域的合作与交流。

（二）拓展创新链和产业链多元融合模式

探索创新链和产业链多元融合的模式，例如产学研用结合、技术转让与许可、技术孵化与孵化器建设等。鼓励企业、高等院校和科研机构建立紧密的合作关系，共同开展研发和创新活动。可以通过联合建立实验室、共同开展项目研究等方式，促进产学研用的结合。鼓励科技成果拥有者将技术成果进行转让或授权给企业使用，实现技术转化和商业化。出台相关法规和政策，对技术转让和许可提供支持和奖励，促进技术转移和科技成果转化。鼓励产业链上下游企业进行协同创新，共同研发和应用科技成果。通过组建产业联盟、建立产业技术创新战略联盟等方式，实现产业链的协同创新和科技成果的高效转化。

引入市场导向的机制，促进科技成果从实验室走向市场，实现科技成果的商业化和产业化。加强市场调研和需求分析，了解市场需求和趋势，引导企业和科研机构根据市场需求进行科技创新和成果转化。提高企业和科研机构的市场导向意识，鼓励从市场需求出发，开展科技创新和成果转化活动。通过举办培训班、组织经验交流会等方式，提高企业和科研机构的市场意识和商业化能力。发挥行业协会和中介机构在科技成果转化中的作用，提供技术评估、投资咨询、法律咨询等服务，帮助企业解决科技成果转化中的问题。在科技成果转化过程中，建立利益共享机制，让参与各方都能分享到科技成果转化的收益和利益。这样可以降低风险和不确定性，提高参与各方的积极性和合作效率。

（三）强化资金政策平台等关键因素支撑

建立人才培养和引进机制，培养具备创新和创业能力的人才，吸引高层次人才加入科技成果转化的实践。制订人才培养计划，制订针对不同领域、不同层次的人才培养计划，包括科技成果转化所需的专业技能、管理能力和创业精神等。通过高校、科研机构、企业等主体，提供专业的教育培训和实践机会，培养具备创新和创业能力的人才。加强人才培训，针对已有的人才资源，加强科技成果转化领域的专业培训和教育，提高人才的技能水平和综合素质。可以组织培训班、研讨会、学术交流等活动，促进人才的继续教育和知识更新。建设实践基地：联合企业、高校和科研机构，建立科技成果转化的实践基地，提供实习、实践和研发机会。通过实践基地的建设，培养和吸引具备实践经验的高层次人才，提高科技成果转化的效率和成功率。建立激励机制，鼓励人才在科技成果转化领域进行创新和创业。可以设立创新奖励、提供创业扶持资金等方式，激励人才在科技成果转化实践中发挥更大的作用。

提供多样化的资金支持，包括政府资金、风险投资和金融机构的支持，为科技成果转化提供资金保障。政府可以通过设立科技创新基金、科技成果转化专项资金等，为科技成果转化提供财政资金支持。此外，政府还可以制定有利于科技成果转化的税收政策，如对科技成果转化企业给予税收优惠、减免等支持，鼓励企业进行科技创新和成果转化。同时，加强对税收政策的执行和监督，确保政策的有效落地和实施。金融机构可以为科技成果转化提供贷款、担保等金融服务，帮助企业解决资金问题。可以与银行、担保公司等金融机构合作，制定针对性的金融产品和服务，满足企业在科技成果转化过程中的不同金融需求。鼓励社会资本投入科技成果转化领域，发挥民间投资的作用，拓宽科技成果转化的资金渠道。同时，加强对社会资本的引导和监管，提高投资效率和风险控制能力。

（四）营造开放、法治的系统化创新环境

营造良好的科技成果转化的系统环境，包括市场环境、政策环境、法治环境和社会环境。一是完善科技成果价值评估体系，建立科学、客观、公正的科技成果价值评估体系，为科技成果的交易和转化提供参考依据。同时，加强评估机构的建设和管理，提高评估人员的专业素质和水平，确保评估结果的准确性和公正性。二是加强知识产权保护，建立健全的知识产权保护制度，加大知识产权保护力度，严厉打击侵权行为，保障科技成果的合法权益。同时，加强知识产权宣传和教育，提高公众的知识产权意识和保护意识。三是搭建科技成果转化服务平台，建立科技成果转化服务平台，提供技术交易、知识产权交易、创业孵化等服务，促进科技成果的高效转化。同时，加强平台建设和运营管理，提高平台的知名度和影响力，吸引更多的企业和创新主体参与其中。四是加强科技成果转化的宣传和推广，提高社会对科技成果转化的认知和支持度。定期发布科技成果转化相关的数据分析报告，向公众展示科技成果转化的现状、趋势和成果。通过数据的呈现和分析，增强公众对科技成果转化的认识和理解，提高社会对科技成果转化的关注度和支持度。

营造良好的科技成果转化的市场环境需要政府、企业、高校和科研机构等多方共同努力。通过建立公平竞争的市场秩序、完善科技成果价值评估体系、加强知识产权保护、优化税收政策、加强人才培养、搭建服务平台、鼓励社会资本投入等措施的实施可以有效地改善市场环境促进科技成果转化。

第三节　加大人才培养与引进

一、人才的重要性

科技创新的核心驱动力是人才。无论是从新技术的开发，还是新产品的创造，乃至新思想的产生，都离不开人才的主导和推动。在科技创新与科技成果转化的全过程中，人才的作用尤为关键。

宏观层面，人才是推动经济社会发展的重要资源。这一观点在人力资本理论中得到了充分阐述。人力资本理论指出，人的知识、技能、健康和心理素质等都是人力资本，是推动社会经济发展的关键要素。对于科技创新与科技成果转化来说，人才不仅是创新的源泉，也是连接科技创新与产业发展的重要纽带。他们通过发挥自身的专业知识、技能和创新思维，推动科技创新的落地，进一步引领产业升级和社会进步。

微观层面，人才是推动企业发展和创新的关键力量。企业的发展离不开人才的支持。而对于科技型企业来说，人才更是企业的核心竞争力。特别是在当前科技发展日新月异的环境下，企业对高素质的科技人才需求越来越强烈。这些人才能够理解最新的科技发展动态，运用专业知识和技能，解决企业在科技创新和成果转化中遇到的问题，推动企业的科技创新能力和市场竞争力。

同时，科技人才还能够通过其专业知识和创新能力，推动新技术的研发、新产品的创造和新业务的开展，带动企业的经济效益和社会效益的提升。他们能够理解和预见市场需求变化，引领企业发展方向，推动企业技术升级，提高企业的市场竞争力。对于企业而言，科技人才是无可替代的重要资产。

人才在科技创新系统中的重要性，还体现在其发挥科技创新的引领作用。在科技创新的过程中，人才是创新思想的源泉，是解决问题的关键。其通过自身的专业知识、技能和创新能力，能够发现问题，提出解决方案，推动科技创新的进程。特别是在当前全球科技竞争加剧的环境下，高水平的科技人才更是科技创新的重要支撑。

二、人才培养策略

构建有效的人才培养策略至关重要。其具体做法如图 9-4 所示。

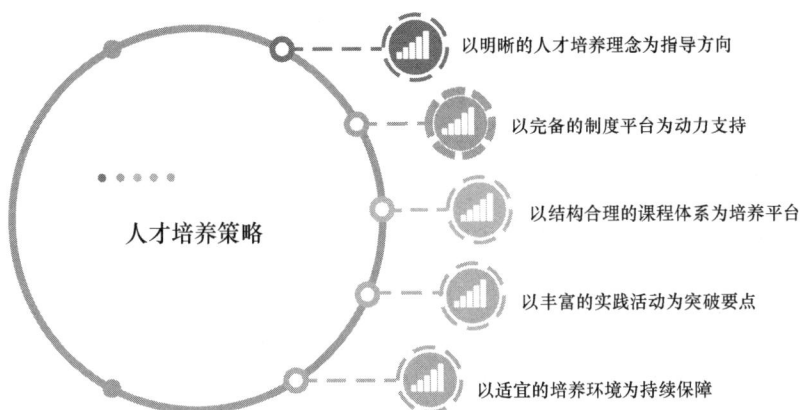

图 9-4　人才培养策略

（一）以明晰的人才培养理念为指导方向

人才培养理念是指导人才培养的基本观念和指导思想，是人才培养活动的价值取向。在科技创新与科技成果转化的过程中，明晰的人才培养理念可以指导科技人才的培养方向和方法，帮助科技人才明确自己的职业目标和发展方向，激发他们的学习动力和创新潜能。

培养创新能力是关键。科技人才应具备独立思考、问题解决和创新发展的能力。培养对问题的敏感性和解决问题的能力，通过提供创新思维的培养和实践机会，科技人才可以在不同领域中进行创新研究，推动科技进步。

科技人才需要通过实践活动来巩固和应用所学知识。如，实地调研和实验，从而将理论知识与实践相结合。在现代科技发展中，团队合作是非常重要的，科技人才需要能够与不同领域的人合作，共同解决复杂问题。科技人才培养应注重培养团队协作精神、沟通技巧和领导能力，使其能够在团队中发挥协同作用，共同取得成果。

最后科技人才需要具备良好的人文素养，包括道德伦理、社会责任感和文化素养等方面的培养。这样的培养有助于科技人才成为有社会责任感、具备良好职业道德的科技专业人才，能够将科技成果应用于社会发展，造福人类。

（二）以完备的制度平台为动力支持

完备的制度平台是保证人才培养活动顺利进行的基础。

政策制度为科技人才培养活动提供明确的指导和保障。通过制定科技人才培养的目标、标准和监管措施，政策制度能够确保科技人才培养活动的科学性和有效性。这些政策可以包括培养计划、奖励机制、资金支持等，为科技人才的培养提供必要的资源和条件。

管理制度为科技人才培养活动提供有效的管理保障。科技人才的选拔、培养、使用和评价等环节需要有科学的管理制度来指导和规范。这些制度可以包括人才选拔的公平性、培养过程的规范性、使用机制的合理性以及评价方法的科学性，从而确保科技人才培养活动的公正性和质量。

服务制度为科技人才提供必要的服务保障。科技人才的职业发展指导、就业服务、继续教育等都需要有完备的服务制度来支持。这些服务制度可以包括职业规划咨询、就业信息发布、培训机会提供等，为科技人才提供全方位的支持，促进其职业成长和发展。

通过完备的制度平台，科技人才培养活动可以在规范、公正、公开的环境中进行，确保科技人才的培养质量和竞争公平性。科技人才也能够在这样的制度环境下获得更好的发展机会，展现出更大的创造力和积极性。同时，完备的制度平台还能够吸引更多的人才投身科技领域，促进科技创新和社会进步。

（三）以结构合理的课程体系为培养平台

结构合理的课程体系是培养科技人才的重要平台。课程体系应该根据科技创新与科技成果转化的需要，设置适应科技发展和市场需求的课程内容和教学方式。

基础课程是培养科技人才的基础，包括数学、物理、化学、计算机科学等学科的基础知识和基本技能。这些课程为科技人才提供了坚实的理论基础，进而建立起科学的思维方式和分析问题的能力。专业课程是培养科技人才专业知识和专业技能的核心部分。根据不同的专业领域和方向，设置相应的专业课程，包括工程学、生物学、化学、信息技术等。这些课程旨在深入培养科技人才在特定领域中的专业知识和技能，使其能够独立进行科研和创新工作。创新课程是培养科技人才创新思维和创新能力的关键环节。通过开设创新创业课程、科技项目导向课程等，培养科技人才的创新意识和创新能力，激发创新潜力和创业精神。创新课程能够帮助科技人才培养解决问题的能力和开拓创新的思维方式，推动科技发展和社会进步。

课程体系还应该具有灵活性和可持续性，能够及时调整和更新课程内容，以适应不断变化的科技发展和社会需求。

（四）以丰富的实践活动为突破要点

实践活动是培养科技人才的关键环节，且以其丰富多样的形式，提供了科技人才在实践中学习和应用知识的机会。这类活动不仅能深化科技人才对理论知识的理解，也能提升其实践操作能力和创新思维。无论是基础理论还是复杂的科技问题，都需要在实践中才能得到真正地理解和掌握。对于科技人才来说，丰富的实践活动是将理论知识转化为实践操作能力的重要途径，也是提高科技人才综合素质的重要手段。

实践活动应该包含实验实践、课程设计、毕业设计、实习实训等多元化的形式。其中，实验实践能让科技人才直接参与科学研究，亲身体验科学研究的过程，从而深化理解科学原理和提高实验技能。课程设计和毕业设计则是对科技人才综合运用所学知识的考验，能让科技人才在实践中解决具体问题，提高解决问题的能力。而实习实训则能让科技人才了解实际工作环境，增强实际工作能力。

同时，实践活动也应包括科技创新活动和科技竞赛等。科技创新活动能让科技人才运用所学知识进行创新设计和研究，提高创新思维和创新能力。科技竞赛则是一个展示科技人才技能和水平的平台，同时也能激发其竞争意识和团队合作精神。这些活动旨在激发科技人才的创新思维和创新能力，培养其解决复杂问题的能力。

（五）以适宜的培养环境为持续保障

适宜的培养环境对于科技人才的成长有着不可估量的影响。它不仅为学习和研究提供了物质基础，也在精神层面上营造了积极健康的氛围。

优良的学习环境可以为科技人才创造出安静、舒适的学习氛围，使他们能够全心全意地投入到学习和研究中去。优良的学习环境不仅包括良好的教学设施和丰富的学习资源，还包括舒适的个人学习空间，使科技人才在心理和物质上都能得到满足，从而能够专心致志地进行学习和研究。

和谐的人际关系是科技人才培养中不可或缺的一部分。科技人才在友好和谐的环境中，能自由发挥，充分展示自我。和谐的人际关系可以让科技人才在相互尊重和理解的基础上，开展合作，共享资源，彼此学习，共同成长。

开放的思想氛围对于科技人才的创新思维和独立思考能力的培养至关重要。开放的思想氛围鼓励科技人才敢于挑战，敢于创新，鼓励其勇于质疑，追求真理，尊重事实，这样的环境才能真正激发科技人才的创新精神。

一流的硬件设施是科技人才培养中的必要条件。高质量的实验室设备，前沿的科研设施，充足的实践机会，都是科技人才能够进行实践操作，提高实践能力，掌握专业技能的重要条件。

三、人才引进策略

制定和执行有效的人才引进策略是科技创新与成果转化的关键。人才引进具体做法如图 9-5 所示。

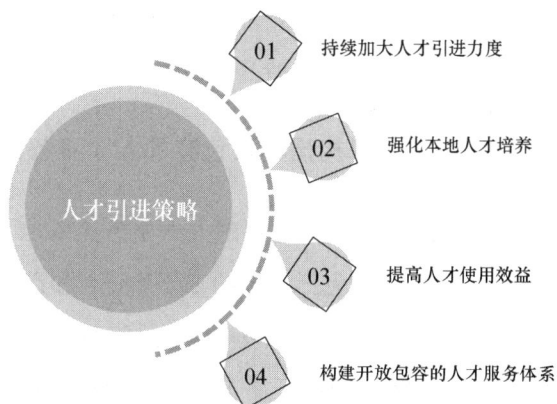

图 9-5 人才引进策略

（一）持续加大人才引进力度

人才是科技创新和科技成果转化的重要资源,而且是不可再生和不可替代的资源。因此,持续加大人才引进力度,是保证科技创新和科技成果转化的关键。通过提供优厚的待遇,建立高效的人才引进机制,以及实施宽松的人才引进政策,可以吸引更多的高层次和高技术人才,进一步提高科技创新和科技成果转化的能力和水平。

（二）强化本地人才培养

在引进人才的同时,还应重视本地人才的培养。本地人才具有对本地文化、环境和资源的深入理解和熟悉,更能适应本地的科技创新和科技成果转化的需要。通过提供专业培训、提升待遇、提供发展机会等方式,可以提高本地人才的职业技能和专业素质,激发本地人才的积极性和创新性。

（三）聚焦产业转型升级，提高人才使用效益

随着科技的进步和市场的变化，产业转型升级是必然的趋势。人才的作用尤为重要。聚焦产业转型升级，提高人才使用效益，是科技创新和科技成果转化的重要策略。通过定向培养和引进符合产业转型升级需要的人才，可以提高人才的使用效益，推动产业转型升级。

（四）营造良好生态环境，构建开放包容的人才服务体系

营造良好的生态环境，构建开放包容的人才服务体系，是吸引和留住人才的重要手段。良好的生态环境包括优良的工作环境、和谐的社区环境、宽松的政策环境等，这些都能吸引人才前来，并激发他们的创新精神和工作热情。开放包容的人才服务体系，包括公平公正的人才评价机制、科学合理的人才激励机制、完善的人才发展机制等，这些都能让人才感到尊重和满足，从而愿意长期为科技创新和科技成果转化贡献力量。

第四节　创新金融支持策略

一、金融支持的重要性

在科技创新和科技成果转化过程中，金融支持起到了举足轻重的作用。科技创新和科技成果转化是一项复杂的系统工程，涉及研发、生产、市场推广等多个环节，而这些环节的运行都需要资金作为支持。金融，作为资金的主要来源和调配工具，对科技创新和科技成果转化的影响至关重要。

首先，金融可以为科技创新和科技成果转化提供必要的资金。科技创新往往需要大量的研发投入，而科技成果转化则需要在市场推广、生产设备等方面进行投入。这些投入需要金融来提供。通过发放贷款、发行股票、发行

债券等方式，金融机构可以为企业和科研机构提供资金，使其能够进行科技创新和科技成果转化。

其次，金融可以优化科技创新和科技成果转化的资金使用。金融不仅可以提供资金，还可以通过信贷政策、投资策略等方式，引导资金流向科技创新和科技成果转化。这样，不仅可以使得科技创新和科技成果转化得到足够的资金，还可以使得资金使用更加合理、高效。

再次，金融可以提供科技创新和科技成果转化的风险管理工具。科技创新和科技成果转化的过程中，往往存在着各种风险，如技术风险、市场风险、管理风险等。金融，通过保险、衍生品等风险管理工具，可以帮助企业和科研机构管理这些风险，降低科技创新和科技成果转化失败的可能性。

最后，金融可以通过资金融通和资本运作，促进科技创新和科技成果转化的合作。在科技创新和科技成果转化的过程中，需要各方的合作。金融，作为资金的调配者，可以通过提供贷款、投资等方式，促进企业、科研机构、政府等各方之间的合作，推动科技创新和科技成果转化的进程。

二、设计有效的金融支持策略

设计有效的金融支持策略对科技创新与成果转化至关重要，可以理解为是一项系统工程。涵盖的范围广泛，需要从多个层面进行考虑。

对于策略设计的核心而言，理解和满足科技创新与成果转化的金融需求是关键。科技创新与成果转化的金融需求具有特殊性，不同于其他类型的金融需求。这是因为科技创新往往涉及大量的研发投入，风险高、回报周期长，而成果转化则涉及技术推广、市场营销等环节，需要具有一定的灵活性和应变能力。

针对这种需求，金融支持策略需要具有一定的针对性和灵活性。具体来说，可以通过提供低息甚至无息贷款、设立科技创新基金、优化投资回报机制等方式，为科技创新与成果转化提供有效的金融支持。

另一方面，设计有效的金融支持策略也需要考虑到科技创新与成果转化的整体环境。科技创新与成果转化的环境包括政策环境、市场环境、技术环境等，这些环境因素会对金融支持策略的效果产生重要影响。

因此，设计金融支持策略时，需要深入了解并考虑到这些环境因素。例如，对于政策环境，可以考虑到政府对科技创新与成果转化的支持政策，以及相关的法律法规等；对于市场环境，可以考虑到市场需求、竞争态势等因素；对于技术环境，可以考虑到技术发展趋势、技术壁垒等因素。

最后，设计有效的金融支持策略还需要考虑到实施和执行的问题。金融支持策略的设计不仅仅是制定策略，还包括策略的实施和执行。因此，设计金融支持策略时，还需要考虑到策略的可执行性、操作性等问题。

三、金融支持策略的实施

实施金融支持策略是确保科技创新和科技成果转化得以有效进行的重要环节。从设计到实施，金融支持策略的过程需要一系列的精心组织和执行。实施金融支持策略的过程涵盖了多个方面，包括策略的推广、资金的拨付、项目的执行和效果的评估。

策略推广是实施金融支持策略的起始阶段。这个阶段的目标是确保相关的企业和科研机构了解到金融支持策略的存在，理解策略的内容，并通过策略的指导进行科技创新和科技成果转化。因此，策略推广需要运用多种手段，例如通过媒体宣传、举办讲座、发布政策解读等方式，使得相关方知晓和理解策略。

资金拨付是实施金融支持策略的关键环节。这个环节涉及到资金的分配、使用和管理，需要确保资金能够被有效地用于科技创新和科技成果转化。因此，资金拨付不仅需要有明确的资金分配规则和使用标准，还需要有一套有效的资金管理机制，以确保资金的安全和效率。

项目执行是实施金融支持策略的主要阶段。在这个阶段，金融支持策略将通过各种项目得以实现。因此，项目执行需要有一套明确的项目管理流程和质量控制机制，以确保项目的顺利进行和质量达标。

效果评估是实施金融支持策略的结束阶段。这个阶段的目标是评价金融支持策略的效果，为策略的修正和完善提供依据。因此，效果评估需要有一套科学的评估方法和标准，能够准确地衡量金融支持策略的效果。

实施金融支持策略是一项复杂而重要的工作，需要有明确的流程、机制和方法，才能确保金融支持策略的顺利实施和有效运行。

四、金融支持策略的路径

（一）优化信贷结构、积极支持科技创新与推广

金融机构应发挥信贷的"黏合剂"和"催化剂"作用，支持科技创新与推广，促使科技成果尽快转化为生产力。金融机构需要在风险可控的前提下，调整贷款结构，优先支持各种科技开发与应用。同时，需要制定符合科技企业特点的信贷管理方案，以市场为导向，使得资金、技术、人力等要素融为一体，真正发挥金融对科技研究及基础性科技发展的支持作用。

（二）强化创新、发挥好多层次、多渠道科技创新金融支持作用

加快改革科技贷款管理办法，发挥政策性金融对科技研究及基础性科技发展的支持作用。商业性金融机构要建立适合科技企业特点的信贷管理制度，支持科技创新及成果转化。要创新质押担保方式和融资工具，例如订单、应收账款股权、专利权、商标权、著作权等作为质押进行贷款融资。

（三）强化政策支持，激发金融支持科技创新积极性

调动金融机构服务科技创新的积极性，需要财政、金融、税收等多方面的政策支持。要构建可持续的风险补偿来源扩充机制，国家财政可以按比例预留资金或通过发行专项债券的方式为科技发展基金筹资，用于对信贷风险损失进行补偿。

（四）夯实科技创新金融服务基础

金融机构应提升自身科技服务水平，着重开发专门的金融报表平台系统、预警系统和信用信息系统，实现对信贷的科技化管理。同时，要加大科技金融人才培养。另外，金融机构在做好科技金融服务的同时，要认真做好风险防控，切实控制科技金融支持的整体风险。

五、评估金融支持策略的效果

评估金融支持策略的效果是确保科技创新和科技成果转化取得良好结果的关键步骤。通过对金融支持策略的效果进行评估，可以了解策略的实际效果，发现问题和不足之处，并及时采取措施进行优化和改进。

评估金融支持策略的效果需要制定明确的评估指标和评估方法。评估指标应综合考虑科技创新和科技成果转化的多个方面，包括项目的数量和质量、资金的使用效率、成果的产出和市场化程度等。评估方法可以采用定性和定量相结合的方式，综合运用问卷调查、实地访谈、数据统计分析等手段，以获取全面准确的评估结果。

评估金融支持策略的效果需要进行数据收集和分析。通过收集和整理与金融支持策略相关的数据，如资金拨付情况、项目执行进展、成果转化情况等，可以对策略的实施过程和效果进行全面的评估。同时，对数据进行分析，可以发现问题和瓶颈所在，并为优化策略提供科学依据。

评估金融支持策略的效果需要识别出存在的问题和不足。通过对策略实施过程和效果的评估，可以发现一些潜在的问题，如资金使用不透明、项目执行缺乏效率、成果转化率低等。这些问题的识别是优化策略的关键，只有找准问题的所在，才能有针对性地进行改进和优化。

最后，评估金融支持策略的效果需要采取相应的优化措施。根据评估结果，针对存在的问题和不足，制定具体的优化方案。优化措施可以包括调整资金分配比例、改进项目管理流程、加强科技成果的市场推广等。通过优化措施的实施，可以提升金融支持策略的效果，促进科技创新和科技成果转化的顺利进行。

评估金融支持策略的效果是确保科技创新和科技成果转化取得良好结果的关键步骤。通过评估金融支持策略的实施效果，识别问题和不足，并采取相应的优化措施，可以提升策略的效果，推动科技创新和科技成果转化的成功实施。

参考文献

[1] 王婉. 科技创新与科技成果转化［M］. 北京：中国经济出版社，2018.

[2] 刘洪涛，董金友. 自主创新与科技成果转化［M］. 郑州：河南人民出版社，2008.

[3] 吕运强. 科技成果转化与技术标准创新［M］. 北京：中国电力出版社，2022.

[4] 段留生，马晓燕. 京津冀农业科技创新与成果转化一体化发展［M］. 北京：中国农业出版社，2021.

[5] 罗茜，倪杰. 创新生态视域下高校科技成果转化研究——以江苏省为例［M］. 北京：清华大学出版社，2023.

[6] 毛世平，林青宁. 中国农业企业科技成果转化效率研究——基于企业技术创新能力的视角［M］. 北京：经济科学出版社，2022.

[7] 马碧玉. 国家社科基金丛书 科技成果转化制度改革与创新研究［M］. 北京：人民出版社，2022.

[8] 刘家树，齐昕. 创新链集成视阈下科技成果转化模式研究［M］. 北京：人民出版社，2018.

[9] 付一凡. 高校科技成果转化与产学研协同创新及其评价［M］. 武汉：武汉大学出版社，2016.

[10] 易明. 自主创新成果 湖北省科技成果转化问题研究［M］. 武汉：湖北科学技术出版社，2015.

[11] 李坤. 科技创新驱动理论与实证研究——基于黑龙江省科技创新资源整合与成果转化的研究视角［M］. 哈尔滨：黑龙江教育出版社，2014.

［12］辽宁老工业基地经济运行暨科技创新成果转化研究［M］.沈阳：辽宁大学出版社，2015.

［13］尹锋林.科技成果转化、科研能力转化与知识产权运用［M］.北京：知识产权出版社，2020.

［14］董朝斌.新经济与科技成果转化［M］.上海：上海科学普及出版社，2001.

［15］李娌，张宁.基于专利信息分析构建医院科技创新成果转化工作体系思考［J］.中国医院，2023，27（5）：83-86.

［16］李广军."大思政"视域下高校科技成果转化创新路径研究［J］.家具与室内装饰，2023，30（4）：141-144.

［17］张淑红，王熙雒，陶自春.共享共创科技创新空间为科技成果转化赋能——以苏州市为例［J］.江苏科技信息，2023，40（8）：1-4.

［18］李哲.农业科技创新走廊：区域协同创新发展新范式——评《农业科技成果转化：模式、机制与绩效研究》［J］.中国农业气象，2023，44（3）：254.

［19］胡晓雨，束亚弟.基于创新生态系统的地方科技成果转化的困境与出路——以滁州市为例［J］.滁州学院学报，2023，25（1）：59-63.

［20］赵凯利.开放创新范式下医疗机构科技创新和成果转化体系构建［J］.中国医院，2023，27（2）：83-86.

［21］杨天雪.创新与突破"双管齐下"打通科技成果转化"最后一公里"［J］.福建市场监督管理，2023（1）：10-11.

［22］夏辑.关于对以科技成果转化为落点推进科技创新工作的思考［J］.安徽科技，2023（1）：7-8.

［23］龙腾.打造科技成果转化"北理工模式"助力北京国际科技创新中心建设［J］.北京教育（高教），2023（1）：16-17.

［24］曹粤锋，沈倩，陈万勤，等.中美药品科技创新成果转化平台建设与运营概况分析［J］.中国药业，2022，31（24）：1-6.

[25] 孟照刚，程存刚，程少丽，等. 科技成果转化创新做法与成效及建议——以中国农业科学院果树研究所为例 [J]. 中国果树，2022（12）：82-86.

[26] 郑月圆，王志新，朱华兵. 协同创新视域下大学生科技成果转化的困境与路径探索——基于高校应用型人才培养定位 [J]. 中国高校科技，2022（11）：92-96.

[27] 高自旺. 新时期我国科技成果转化生态建设、推进思路与创新举措 [J]. 产业与科技论坛，2022，21（22）：212-214.

[28] 郭耀辉，熊鹰，黄东南，等. 基于演化博弈论的农业科技协同创新与成果转化机制研究——以猕猴桃产业为例 [J]. 农业经济，2022（11）：26-28.

[29] 佚名. 李克强对全国农业科技创新工作会议作出重要批示抓实抓好农业关键核心技术攻关、人才培养和成果转化 [J]. 中国人才，2022（10）：7.

[30] 罗瑛. 党建引领赋能交通科技创新和成果转化机制研究 [J]. 广东公路交通，2022，48（4）：63-66.

[31] 陈远宏. 创新质量视角下高校科技成果转化机制研究 [J]. 宝鸡文理学院学报（社会科学版），2022，42（4）：122-128.

[32] 范宝鹤，张璐，韩瑜，等. 兰白科技创新改革试验区科技成果转化现状分析与对策建议 [J]. 甘肃科技，2022，38（15）：65-68，94.

[33] 王珍，种皓，张红霞，等. 医院科技创新成果转化评估决策支持系统对骨科手术机器人科技成果转化验证研究 [J]. 中国医学装备，2022，19（8）：128-133.

[34] 李智军. 基于创新价值链的辽宁省"十四五"科技成果转化策略研究 [J]. 沈阳建筑大学学报（社会科学版），2022，24（04）：427-432.

[35] 母家亮. 赵一德在全省科技成果转化"三项改革"试点经验交流会上强调 扎实做好"三项改革"试点经验推广工作 为促进创新驱动发展

提供有力支撑 [J]. 新西部, 2022 (6): 5.

[36] 孙大一, 石煜攀, 茹阿昌, 等. 科技奖励体系对科技创新及成果转化的影响机理分析 [J]. 军民两用技术与产品, 2022 (7): 50-53.

[37] 佚名. 提升创新策源和成果转化能力加快建设具有全国影响力的科技创新中心 [J]. 先锋, 2022 (7): 46-48.

[38] 张文会, 李华, 丁志华. 推动科技成果转化助力创新型河北建设的对策选择 [J]. 中阿科技论坛 (中英文), 2022 (7): 29-33.

[39] 张宇轩. 中小企业科技创新成果转化平台建设研究——以铜陵市科技成果转化为例 [J]. 铜陵职业技术学院学报, 2022, 21 (2): 39-44.

[40] 纪红, 张旭. 科技成果转化基金: 产学研协同创新的新范式 [J]. 大连理工大学学报 (社会科学版), 2022, 43 (4): 116-121.

[41] 苏林, 胡涵清, 庄启昕, 等. 基于 LDA 和 SNA 的我国科技创新政策文本计量分析——以科技成果转化政策为例 [J]. 中国高校科技, 2022 (3): 37-43.

[42] 谢远儿. 博士科技: 服务创新城市群赋能企业科技成果转化 [J]. 广东科技, 2022, 31 (3): 15-17.

[43] 佚名. 搭建供需对接"桥梁" 推进以科技成果转化为重点的科技创新 [J]. 广东科技, 2022, 31 (3): 49-54.

[44] 薛阳, 李曼竹, 冉鑫, 等. 高校科技成果转化推动大学生创新创业教育的改革与实践 [J]. 洛阳师范学院学报, 2022, 41 (2): 88-92.

[45] 潘鸿. 基于创新主体的农业科技创新系统研究——评《吉林省农业科技创新与成果转化研究》[J]. 农村经济与科技, 2022, 33 (3): 277-279.

[46] 王春娇, 慕彦君, 付凯妹. 我国科技创新成果转化政策要点分析与思考 [J]. 企业科技与发展, 2022 (2): 1-3.

[47] 李少丽, 吴凡, 周荣. 成果转化与科技创新循环激励的双赢机制探索 [J]. 农村经济与科技, 2022, 33 (1): 261-263.

[48] 李勤. 破解高校科技创新成果产出与转化难点的探析 [J]. 贵州广播

电视大学学报, 2021, 29 (4): 1-5.

[49] 黄其振, 陈杰. 湖北省农业科技成果转化路径创新研究 [J]. 湖北农业科学, 2021, 60 (S2): 406-410, 415.

[50] 刘越山. 成果转化是科技创新关键 访中智科学技术评价研究中心主任李闽榕 [J]. 经济, 2021 (11): 39-41.

[51] 张赟. 科技创新政策对科技型中小企业创新成果转化的影响研究 [J]. 企业科技与发展, 2021 (10): 1-3.

[52] 科技创新与标准化互动发展——以科技创新提升标准水平, 以标准促进科技成果转化 [J]. 中国标准化, 2021 (19): 22-23.

[53] 孙金辉, 李东. 科技成果转化的支撑创新: 面向科创投资的价值释放工程 [J]. 科学决策, 2021 (7): 112-123.

[54] 张晨凝, 陈梦. 科技创新背景下大学生成果转化现状及问题探究 [J]. 企业科技与发展, 2021 (5): 12-13, 16.

[55] 裴映雪, 殷晓倩. 创新科技成果转化机制助推北京市高精尖产业发展 [J]. 智慧中国, 2021 (4): 50-52.

[56] 彭飞, 黄刚. 大数据视角下科技创新成果精准转化的关键环节与实现步骤 [J]. 科学管理研究, 2021, 39 (2): 59-64.

[57] 徐宁, 谢凡. 高校科技成果转化与区域科技创新测度研究——基于因子分析法和耦合协调度模型 [J]. 北京邮电大学学报 (社会科学版), 2021, 23 (2): 88-96.

[58] 李一凰. 科技创新成果转化推进机制分析 [J]. 商业文化, 2021 (10): 24-25.

[59] 李娟. 科技创新成果转化及其对农业经济的推动作用 [J]. 农业工程技术, 2021, 41 (8): 9-10.

[60] 赵泳琪. 协同创新背景下高校知识创新、成果转化效率评价及提升路径 [D]. 太原: 山西财经大学, 2022.

[61] 陈洁. 高校产学研合作网络位置、双元创新对高校科技成果转化的影

响［D］. 武汉：武汉科技大学，2022.

［62］吕京芹. 创新环境对高校科技成果转化效率影响研究［D］. 中北大学，
2021.

［63］刘乾. 创新驱动背景下科技成果转化政策执行问题研究［D］. 郑州：
郑州大学，2021.

［64］唐林. 技术市场、地方创新驱动与科技成果转化政策扩散［D］. 广州：
华南理工大学，2021.

［65］廉思棋. 开放式创新视角下生态环境科技成果转化绩效影响机制
［D］. 天津：河北工业大学，2021.

［66］刘宪东. 金融创新对城市科技成果转化的影响研究［D］. 天津：天津
大学，2020.

［67］李佳琪. 科技成果转化政策创新的影响因素及路径研究［D］. 广州：
华南理工大学，2020.

［68］李润宜. 基于创新价值链视角的新型研发机构科技成果转化研究
［D］. 广州：广东工业大学，2019.

［69］杨晓倩. 中国海洋科技创新效率测度及影响因素研究［D］. 厦门：厦
门大学，2019.

［70］李新超. 科技转化政策与医疗器械创新成果转化模式研究［D］. 北京：
北京协和医学院，2017.

［71］舒方. 青海省促进科技成果转化的制度创新研究［D］. 西宁：青海大
学，2017.

［72］张洁华. 广东省农业科技创新和成果转化联动发展研究［D］. 广州：
华南农业大学，2016.

［73］韩抒航. 面向科技成果转化的高校图书馆创新服务模式研究［D］. 太
原：山西大学，2016.

［74］于志军. 创新价值链视角下高校科技创新效率研究［D］. 合肥：合肥
工业大学，2016.

［75］张冰. 财政金融服务与民营企业科技创新成果转化研究［D］. 重庆：重庆大学，2015.

［76］张京红. 山东高校科技创新成果转化研究［D］. 济南：山东师范大学，2014.

［77］刘家树. 基于创新链集成的科技成果转化研究［D］. 南京：南京航空航天大学，2013.

［78］Wang Xiang，Shu Hui，Hu Anhua，Wang Haomin，Chen Wei.Research on the construction of scientific and technological achievements management index system［J］. Procedia Computer Science，2023，221：81-85.

［79］Liu Xin.The Promotion of Modern Information Technology to the Transformation and Marketization of Regional Scientific and Technological Achievements［J］. MATEC Web of Conferences，2022：365.

［80］Li Weijuan，Zhang Pengcheng.Developing the transformation of scientific and technological achievements in colleges and universities to boost the development of low-carbon economy［J］. International Journal of Low-Carbon Technologies，2021，16（2）：305-316.